Russsian Genealogical Project

Русский Генеалогический Проект

Коллекция исторических материалов

2010

Pawchinsky Genealogy

Historical Materials Collection

«•»

RusGenProject • 2010

Moscow • London • Washington • Hong Kong • New Delhi

Генеалогия Павчинских

Коллекция исторических материалов

«•»

РусГенПроект • 2010

Москва • Лондон • Вашингтон • Гонконг • Нью-Дели

УДК 929.53
ББК 63.2
Ч-30 Чащ

Чащин, К.

Ч-30 Генеалогия Павчинских. Коллекция исторических материалов / Кирилл Чащин. – Вашингтон, РусГенПроект, 2010. – 188 с., 106 илл. – ISBN 978-0-9844227-3-9

Копии материалов из архивов США, Украины и России по истории семьи Павчинских. Данная работа может представлять интерес специалистам по генеалогии и истории.

RusGenProject.com,
Division of South Eastern Projects Management Company Limited
Washington D.C. • London • Moscow • Hong Kong • New Delhi

PO Box 96503 #36982
Washington, DC 20090-6503 USA

For more information e-mail info@rusgenproject.com
or visit our website www.RusGenProject.com

Technical Editor O. Balyura.
Book design by B.B.Opastny.

Printed in United States of America

First Edition: December 2010
ISBN 978-0-9844227-3-9 (Russian Language Edition)

Оглавление

Благодарности

Прежде всего мне хотелось бы поблагодарить семейство Павчинских за возможность проделать это скромное историческое исследование.

Автору и составителю данной книги хотелось бы сказать спасибо:

Сотрудникам Российского Государственного Исторического Архива (Санкт-Петербург), Государственного Архива Новосибирской области, Государственного архива Иркутской области, Государственного Архива Житомирской области, Филиалов Государственного Архива Одесской области в гг. Измаил и Белгород-Днестровский (б. Аккерман), сотрудникам архивов Омского, Алтайского и Новосибирского отделений Западно-Сибирской железной дороги, сотрудникам отдела русского зарубежья РГБ, сотрудникам библиографического отдела Исторической библиотеки, Дома Русского Зарубежья им. Солженицына, сотрудникам National Archives and Record Administration (College Park, MD, USA), сотрудникам библиотеки Зикавей в Шанхае и Шанхайского Муниципального архива, Российскому консульству и Российскому клубу в Шанхае, руководству Омского Кадетского корпуса, а также лично:

гг. Robert Bickers, Henry Hong, Tess Johnston, Li Lifan, Rebecca Livingston, Derek Sandhaus, Балюре О., Басаеву В.Р., Баснар В.М., Гурковскому В.А., Ван Джи Чен, Дроздову М., Извозчикову С.Б., Ковалевич А., Рыжак Н.В., Соколовой С.С., Шароновой В.Г., Шаронову А.А.

А также окружающим, с пониманием относившимся к тяжелой работе исторического детектива.

Хотелось бы сказать, что все открытия, описанные в этой книге, сделаны благодаря архивам, исследователям и родственникам, а все ошибки, которые я не смог или не сумел исправить, остаются исключительно на моей совести.

К. Чащин

Дело Департамента Герольдии «О дворянстве Павчинских» (1818-1899)

Источник: Российский Государственный Исторический Архив, Санкт-Петербург

РГИА, ф. 1343, оп. 27г, д. 362

Было проведено копирование следующих листов дела: 1б с оборотом, 2 с оборотом, 3, 4-6 с оборотом, 8 с оборотом, 10 с оборотом, 11, 11б, 15 с оборотом, 16, 18б, 20б-24 с оборотом, 25 оборот, 26, 27-33 с оборотами, 34, 35.

Из документов, приведенных в деле на польском языке с последующим официальным переводом на русский язык польский оригинал скопирован только для одного документа.

105

Господину Архиварiусу Департамента Герольдiи.

Прошу Васъ доставить ~~дѣло~~ вѣдѣло о дворянствѣ рода Павчинскихъ, по которому послѣдовалъ указъ ——— года за № ——— въъ ——— ~~Дворян-~~ ~~ское Депутатское Собранiе.~~

за пом. Оберъ-Секретаря [подпись]

Ноябр „ 11 „ дня 1899 года.

Перевод с польского

По Указу Его Императорского

Величества Самодержца Всероссийского

и проч. и проч. и проч.

№936 1818 года Марта 24 дня

Подольское дворянское Депутатское собрание под председательством Господина подольского Губернского предводителя дворянства Станислава Комара Слушали прошение дворян Ивана, Стефана и Михаила Сыновей Юсифа внуков Шимона а правнуков Ивана Павчинских Ушицкого уезда села Липины проживающих , коим изо___. Что ___ 5 Декабря 1802 года по представленным документам приписаны они за детей действительных и потомственных дворян со внесением рода их в первую часть родословной Книги что и акты сего собраны свидетельствуют по описаниям подкрепить предварительную о сем резолюцию приложив новые документы просить рассмотреть оные учинить законное постановление им оного выдать просителям урядовую выпись равно написать в род и потомство их. Представленные документы заключают в себе следующее содержание: 1732 года в метрических книгах Дрогобической приходской церкви

Губер. Подольской

По указу Его Императорскаго Величества Самодержца Всероссійскаго

6

и проч. и проч. и проч.

ЦѢНА ОДИНЪ РУБЛЬ

2

№ 936. 1818 года Марта 24 дня

Подольское дворянское Депутатское собрание под председательствомъ Господина Подольскаго Губернскаго предводителя дворянства Станислава [illegible] Слушали прошение Дворянъ Ивана, Стефана и Николая Сыновей [illegible] Внуковъ [illegible] Ивана [illegible] Уезда въ Селе [illegible] проживающихъ [illegible] Что оно 5 Декабря 1802 года по представленнымъ документамъ признаны они за древнихъ [illegible] и несомнительныхъ дворянъ [illegible] рода ихъ въ первую часть родословной книги что и акты сего собрания свидетельствуютъ [illegible] предварительную сего резолюцию [illegible] новые документы просятъ разсмотревъ оные учинить законное постановление и имъ оного выдать [illegible] бывъ равно [illegible] въ родъ [illegible] представленные документы заключаютъ въ себе следующие содержание 1732 года въ Метрическихъ книгахъ [illegible] Церкви [illegible]

Годовъ

- Шимона Дворян Ивана и Анны Павчинских супругов сына записана из тех же книг законным порядком выдана в книгах Ушицкого Уездного Суда 1 октября 1801 года явлена и из сих книг экстрактом выданная метрика крещения.

- 1772 года 12 сентября в метрических книгах Дунайгородской1 приходской церкви дворянина Иосифа сына дворян Шимона и Марии супругов Павчинских записана с сих же книг законным порядком выдана в актах Ушицкого Уездного Суда явленная метрика крещения.

- 1801 года июня 16 дня в приходской Жванчиковской церкви книгах дворянина Ивана сына Иосифа и Марии супругов Павчинских записаны из тех же книг узаконенным порядком выдана метрика крещения.

- 1802 года декабря 9-го дня в Подольском Дворянском Депутатском Собрании дворянину Иосифу Шимонову сыну Павчинскому согласно состоявшемуся определению выдана о дворянском его происхождении 3 августа 1803 года выпись.

- 1804 года Генваря 3-го дня в метрических книгах Жванчиковской приходской церкви Дворянина Стефана сына Иосифа Марии с Островских Павчинских записана из тех же книг законным порядком выдана метрическая выпись.

- 1810 года 11 сентября из тех же книг Жванчиковской приходской церкви выдана метрическая выпись о рождении и крещении дворянина Михаила сына Иосифа и Марии супругов Павчинских.

- 1817 года октября 8-го дня дворянину Иосифу Павчинскому выдано от Жванчиковской экономии свидетельство в том что он проживая в сем имении от 20-ти лет всегда почитаем был дворянином,

для того Подольское Дворянское

Шимона Дворянъ Ивана и Анны Павчинскихъ Супруговъ Сына записана изъ тѣхъ же книгъ законнымъ порядкомъ выдана въ Книгахъ Уманскаго Уѣзднаго Суда 1го Октября 1801 года явлено и изъ сихъ книгъ Экстрактомъ выданная метрика крещенія. - 1772 года 12 Сентября въ Метрическихъ книгахъ Дзвенигородской приходской Церкви Дворянина Іосифа Сына Дворянъ Шимона и Маріи Супруговъ Павчинскихъ записана изъ сихъ же книгъ законнымъ порядкомъ выдана въ актахъ Уманскаго Уѣзднаго Суда явленная метрика крещенія. - 1801 года Іюня 16 дня въ приходскихъ Ивашниковской Церкви книгахъ Дворянина Ивана сына Іосифа и Маріи супруговъ Павчинскихъ записана изъ тѣхъ же книгъ узаконеннымъ порядкомъ выдана метрика крещенія. - 1802 года Декабря 5го дня въ Подольскомъ Дворянскомъ Депутатскомъ Собраніи Дворянину Іосифу и Шимонову Сыну Павчинскому согласно состоявшемуся опредѣленію выдана о Дворянскомъ Его происхожденіи с Августа 1803 года выпись. - 1804 года Генваря 3го дня Метрическихъ книгахъ Ивашниковской приходской Церкви Дворянина Стефана сына Дворянъ Іосифа Маріи съ Ос-тровскихъ Павчинскихъ записана изъ тѣхъ же книгъ законнымъ порядкомъ выдана метрическая выпись. - 1810 года 11. Сентября изъ тѣхъ же книгъ Ивашниковской приходской Церкви выдана метрическая выпись о рожденіи и крещеніи дворянина Михаила Сына Іосифа и Маріи Супруговъ Павчинскихъ. - 1817 года Октября 8го дня дворянину Іосифу Павчинскому выдано отъ Генеральный Ивашниковской Экономіи Свидѣтельство въ томъ что онъ проживая въ семъ имѣніи отъ 20ти лѣтъ всегда почитаемъ былъ дворяниномъ, для того Подольское Дворянское собрание определило поелику дворяне Иван Стефан и Михаил сыновья Иосифа внуки Шимона и правнуки Ивана Павчинские оказывая происхождение своё от прадеда прописанными выше документами доказывают что они а равно и предки их всю жизнь в дворянском состоянии а с привилегий 1785 года Апреля 21 дня Всемилостивейшее дворянам данный 92-м параграфом пункт 12-й сказано такие доказательства, что отец и дед всю жизнь в дворянском происхождении и в таком звании всегда состояли, или исполняли обязанности дворянам приличные таковые рода принимать за несомнительных дворян, для того представленные чрез дворян Павчинских документы признавая достаточными род их на основании приводимой привилегии внести в 1-ю часть родословной дворянской книги Подольской губернии и согласно той же привилегии равно Всемилостивейшему Манифесту 1801 года Апреля 2 дня состоявшегося выдать патент в род и потомство их за уплатою в пользу дворянского Собрания 2-х _______.

Подлинный подписали губернский предводитель Комар, депутат каменецкий Дионисий Камецкий, ушицкий Цырвиль? Коровицкий, проскуровский Викентий Писецкий, летичевский Станислав Винковинский, могилёвский Герман Шепиловский, ямпольский Игнатий Бабенский, винницкий Яков Гутовский, - скрепил секретарь Раинский.

В том что __ ___ __ ____ свидетельству. Н___ Хрис___ский

– подольского губернского правления штатный переводчик Милський.

–

1819 года июня 21 дня от настоящего определения взыскано в пользу дворянского Собрания __ ___ 18ть

подписал Каспар Билинский

182. книги.

№ 3.

Собрание определением помещику дворяне Иванъ Стефанъ [illegible]
[illegible] Симоновъ Фоцера, с внуки Шимона а правнуки Ивана
Павчинскихъ доказывая происхождение свое съ правда про[illegible]
писанными выше документами доказываютъ что они а равно
предки ихъ всю жизнь въ дворянскомъ состоянии а въ прави[illegible]
[illegible] 1785 года Апреля 21 дня Всемилостивейше дворянст[illegible]
данной 92 §. пунктъ 12 сказано такие доказательства, что
отецъ и дедъ всю жизнь въ дворянскомъ происхождении [illegible]
такомъ звании всегда состояли, или исполняли обязанности
самыми дворянами приличные таковые роды причитать
за несомнительныхъ дворянъ. Для того представленные про[illegible]
дворянъ Павчинскихъ документы признавая достаточными
родъ ихъ на основании приводимыхъ [illegible] въ [illegible]
въ 1 часть родословной дворянской книги Подольской
Губернии и согласно таковые приложенной равно с Всемилости[illegible]
вейшему Манифесту 1801 года Апреля 2 дня состоявшагося выдать
патентъ въ родъ и потомство ихъ за уплатою въ казну дворян[illegible]
ского Собрания 2-х недель. Подлинный подписали Губернский пред[illegible]
водитель Комаръ, Депутаты Каменецкий Дионисий Тимачкий, Ушиц[illegible]
кий Цырилль Коровицкий, Проскуровский Викентий Поляцкий, Лети[illegible]
чевский Станиславъ Ваньковский, Могилевский Германъ Шем[illegible]
[illegible], Литинский Игнатий Бабенский, Винницкий Яковъ Су[illegible]
ховский, — Секретарь — Секретарь [illegible] — Въ томъ
что с подлинным [illegible] [illegible] [illegible]
[illegible] [illegible] Подольского Губер[illegible]
[illegible] [illegible] [illegible]
[illegible] —

1819 года Июня 21 дня
отъ Настоящаго определе-
ния выписано въ книгу
дворянского Собрания [illegible]
[illegible] 18 подписалъ
Касиръ [illegible]
[illegible] 182 Книги —

Оригинал предыдущего документа на польском языке, на трех страницах.

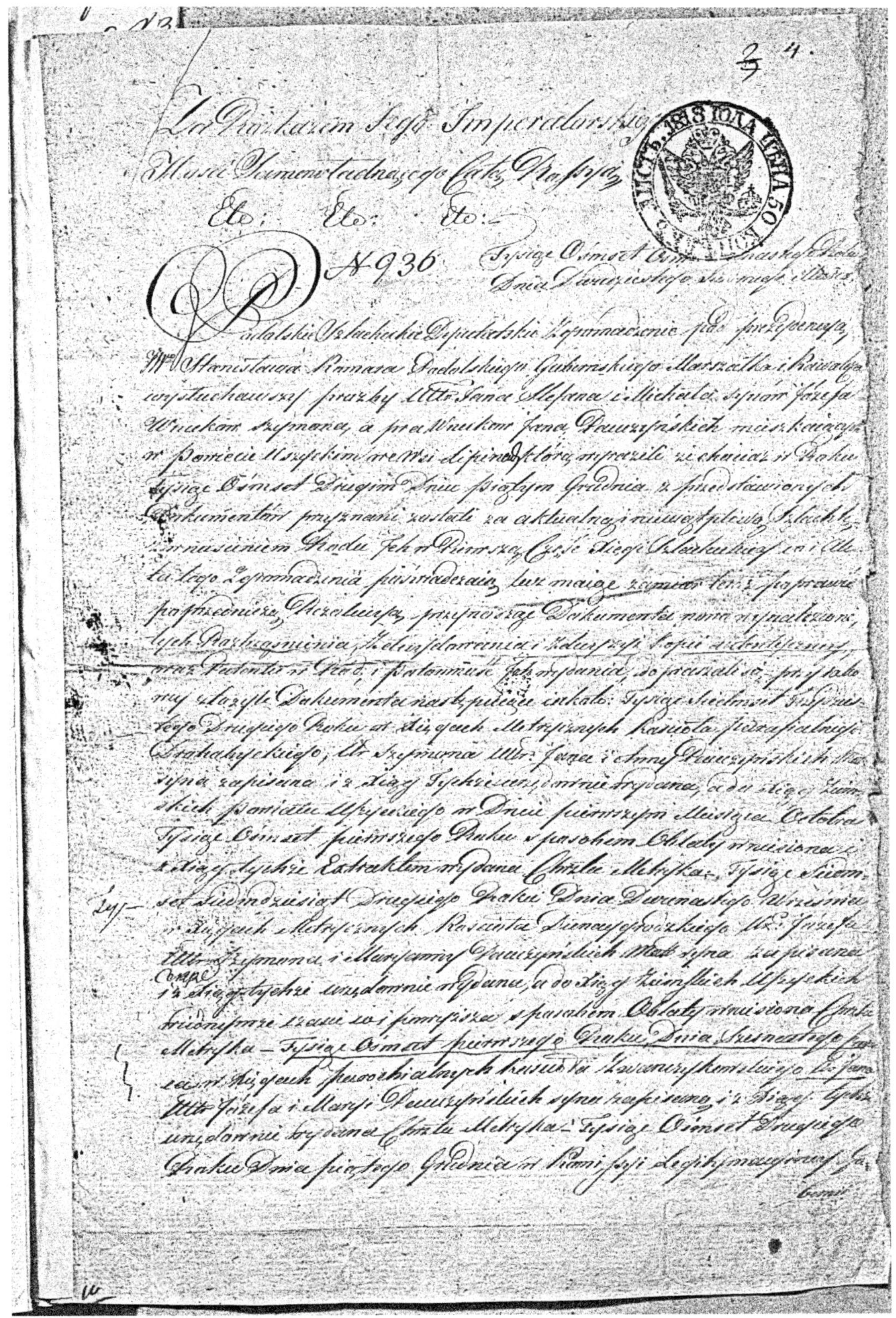

Za Panowaniem Jego Imperatorskiej
Mości Samowładnącego Całej Rossyi
Etc: Etc: Etc:-

№ 936 Tysiąc Ośmset Ośm[illegible]nastego Roku
Dnia Dwudziestego [illegible] Marca

Podolskie Szlacheckie Deputackie Zgromadzenie pod prezydencyą
JW Stanisława [illegible] Podolskiego Gubernskiego Marszałka i Kawalera
wysłuchawszy prozby Urodzonych Jana Stefana i Michała synów Józefa
Wnuków Zygmunta, a praWnuków Jana Wawrzyńskich mieszkających
w Powiecie Uszyckim we Wsi Lipinach którą wprzódy [illegible] w Roku
Tysiąc Ośmset Drugim Dnia Piątym Grudnia z przedstawionych
Dokumentów przyznani zostali za aktualną i niewątpliwą Szlachtę
z wniesieniem Rodu Ich w Pierwszą Część Xięgi Szlacheckiej [illegible]
ta tego Zgromadzenia [illegible] lecz mając [illegible]
[illegible] przynosząc Dokumenta [illegible]
tych [illegible] Kopii [illegible]
oraz Patentu [illegible] jako wydania, [illegible]
[illegible] Dokumenta następujące [illegible]: Tysiąc Siedmset [illegible]
tego [illegible] Roku [illegible] Metrycznych Kościoła [illegible]
[illegible], Ur. Zygmunta Urod. Jana i Anny Wawrzyńskich [illegible]
syna zapisana i z Xięgi [illegible] urzędownie wydana, a do Xięgi Ziemskich Powiatu Uszyckiego w Dniu pierwszym Miesiąca Octobra
Tysiąc Ośmset pierwszego Roku [illegible] Oblaty wniesiona z
tej Xięgi [illegible] Extraktem wydana Chrztu Metryka. Tysiąc Siedmset Siedmdziesiąt Drugiego Roku Dnia Dwunastego Września
w [illegible] Metrycznych Kościoła [illegible] Ur. Józefa
Urod. Zygmunta i Maryanny Wawrzyńskich Małż. syna zapisana
i z Xięgi tychże urzędownie wydana, a do Xięgi Ziemskich Uszyckich
[illegible] czasie [illegible] Oblaty wniesiona Chrztu
Metryka — Tysiąc Ośmset pierwszego Roku Dnia Szesnastego [illegible]
[illegible] parochialnych Kościoła [illegible] Jana
Urod. Józefa i Maryi Wawrzyńskich syna zapisana i z Xięgi tychże
urzędownie wydana Chrztu Metryka — Tysiąc Ośmset Drugiego
Roku Dnia Piątego Grudnia w Kommissyi Legitymacyjnej [illegible]

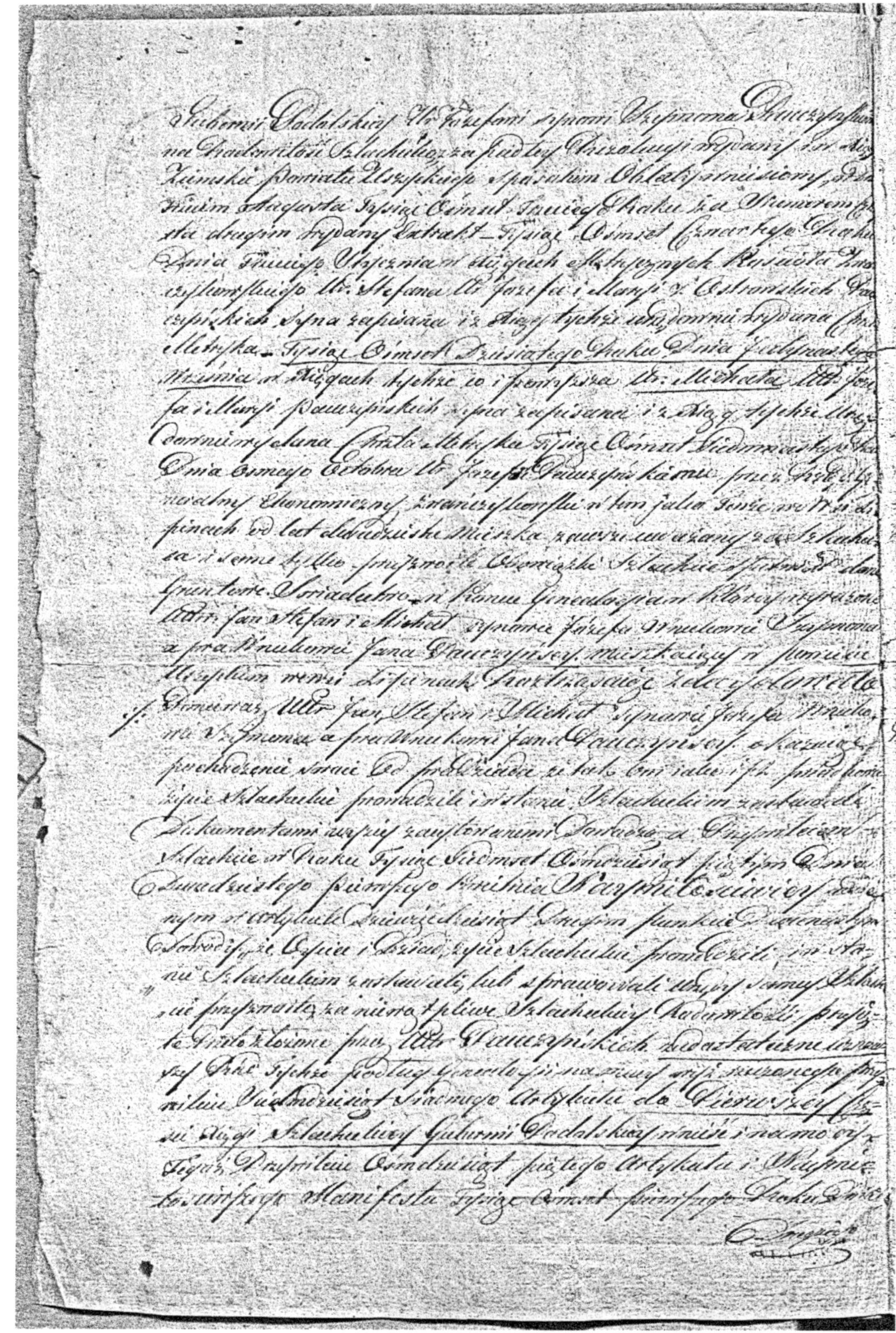

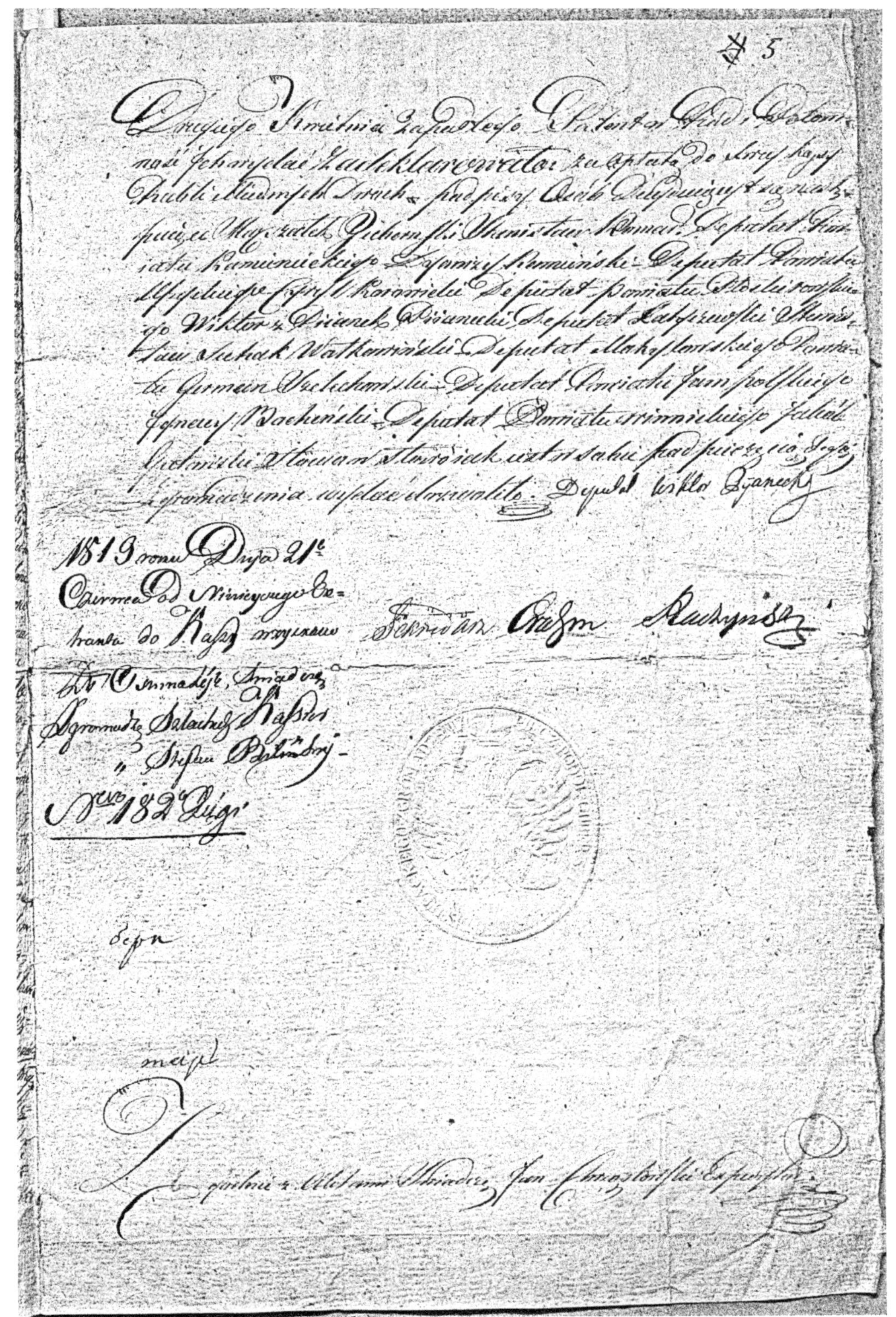

Перевод с польского

№312

По Указу Его Императорского

Величества Самодержца Всероссийскаго

и проч. и проч. и проч.

Выпись из книг Подольской Губернии Ушицкаго Уездного Суда 21 октября 1821 года.

Мафтей Молшанский явясь лично пред актами Ушицкаго Уездного Суда просил внести в Метрическую книгу Метрику крещения следующего содержания – тысяча семьсот девяносто четвертого года двадцать седьмого Апреля месяца всем и каждому кому только о том ведать надлежит объявляем что по просьбе дворян Шимона и Марианны Павчинских выдана им метрика рождения и крещения из Метрических книг Дрогобычской церкви слово в слово следующего содержания: тысяча семьсот тридцать четвёртого года. Я Павел Трояновский греко-униатский священник во избежание смертного случая крестил дитя по имени Семеона сына дворян Ивана и Анны Павчинских

[illegible] А3112

7 6

ЦѢНА ОДИНЪ РУБЛЬ

По Указу Его Императорскаго Величества Самодержца Всероссійскаго

и проч. и проч. и проч.

1

Выпись изъ книгъ Подольской Губерніи Ушицкаго Уѣзднаго Суда 21 октября 1801 года.—

Матфей Чолмацкій явясь лично предъ актами Ушицкаго Уѣзднаго Суда просилъ внесть въ Метрическую книгу Метрику крещенія слѣдующаго содержанія — тысяча осмсотъ девяносто четвертаго года двадцать седмаго Апрѣля мѣсяца Всѣмъ и каждому, кому только о томъ вѣдать надлежитъ объявляемъ, что по просьбѣ дворянъ Шимона и Маріанны Павчинскихъ выдана имъ метрика рожденія и крещенія изъ Метрическихъ книгъ Дроговической Церкви слово въ слово слѣдующаго содержанія: тысяча осмсотъ тридцать четвертаго года. Я Павелъ Трояновскій Греко Унитскій Священникъ, вслѣдствіе смертнаго случая крестилъ знатно помянутаго Семеона сына дворянъ Ивана и Анны Павчинск[illegible]

Сего

окре[illegible]

законновенчаных супругов. Которому воспреемниками были дворянин Степан Заплатинский с Марианною Грабовскою в селе Лисный каковое рождение и крещение по обрядам римскокатолической церкви сим свидетельствую. Дана вДрогобыче того же года месяца и числа как выше значится в удостоверение всего того собственноручно подписую – Адальберт Смоленский комендариуш приходской дрогобычской церкви. По записи сей метрики крещения в книги подлинник возвращён просителю по принадлежности, с каковых книг и сия выпись выдана подверждённою судовой печатью.

регент В.Ястршинский, читал с актами Петрашкевич.

Подольского губернского правления штатный переводчик Мильский

Законнобрачныхъ Супруговъ Катерину восприемниками были Дворянинъ Степанъ Затанцинский съ
Марианною Грабовскою въ Селе Лисный каковое рождение и крещение совершенное по обрядамъ Римскокатолической церкви симъ Свидетельствую дана въ
Дрогобичи тогожъ года месяца и числа какъ выше
значитъ въ удостоверение чего всего того собствен-
ручно подписую. Адальбертъ Смолинский коммендариушъ
приходской Дрогобичской церкви. По сличении сей
Метрики крещения въ книги подлинникъ возвра-
щенъ просителю по принадлежности, а кака
выпись и сия выпись выдана подтверждении
Судового печатью. Регентъ В. Ястршемский, Согласно а. Антоний Петрашкевичъ. — Подлин-
ною Губернского Правления [illegible]
[illegible] Перговичъ Милевско

~~9~~8.

А310

Перевод с польского

По Указу Его Императорского Величества

Самодержца Всероссийскаго

и проч. и проч. и проч.

Выпись из книг Подольской Губернии Ушицкаго Уездного Суда 21 октября 1821 года.

Матфей Чохманский явясь лично в ушицкий уездный суд просил внесть в Метрическую Книгу метрику крещения следующего содержания:

Всем и каждому кому только ведать о том надлежит объявить, что вследствие прошения поданного Дворянином Иваном Бро___цким выдать ему метрики рождений и крещений Дворянина Иосифа сына Шимона и Марианны Павчинских удовлетворяя таковому его домагательству выдать ему из книг метрических крещений, принадлежащих Дунаевецкой приходской церкви метрику в таком содержании: Тысяча семьсот семьдесят второго года сентября Двенадцатого Дня __ Василий священник капуцинского ордена крестил сына дворян Шимона и Марианны законновенчаных супругов Иосифа Павчинского Воспреемниками коему были Екатерина Пшевичева и Франциск Гроцкий в удостоверение чего собственноручно с приложением приходской того же местечка Дунаевец печати свидетельствую.

А310
переводъ съ латинскаго

ЦѢНА ОДИНЪ РУБЛЬ

По Указу Его Императорскаго Величества
Самодержца Всероссійскаго
и проч: и проч: и проч:

2

Выпись изъ книгъ Подольской Губерніи Ушицкаго Уѣзднаго Суда 21 октября 1801 Года.

Матвѣй Гошанскій явясь лично въ Ушицкій уѣздный Судъ просилъ
внесть въ Метрическую Книгу метрику крещенія слѣдующаго содержанія: Всѣмъ и каждому кому только вѣдать о семъ надлежатъ
объявляемъ, что вслѣдствіе прошенія поданнаго Дворяниномъ Ма-
твѣемъ Гошанскимъ о выдачѣ Ему метрики рожденія и крещенія Дворянина Гаспра сына Симона и Маріанны Павчинскихъ удовлетворяя таковому Его домогательству выдать Ему
изъ книгъ метрическихъ крещенія, принадлежащихъ Дунаевецкой Приходской церкви метрику въ такомъ содержаніи: Тысяча семьсотъ
Nr. чтанъ Восемьдесятъ втораго Года Сентября Двенадцатаго Дня Я Васильянъ
священникъ Капуцинскаго Ордена крестилъ сына Дворянъ Симона
и Маріанны законобрачныхъ супруговъ Гаспра Павчинскаго
Воспріемниками коему были Екатерина Пневичева и Франци-
шекъ Троцкій въ удостовѣреніе чего собственноручно съ приложеніемъ приходской той же мѣстечка Дунаевецъ Печати Свидѣтельствую Дана въ мѣстечкѣ Дунаевцахъ

Дана в местечке Дунаевцах месяца Октября 1801 года Викентий Хап__рковский кафедральный города Каменца каноник и настоятель местечка Дунаевец (МП)

По внесении каковой в книги подписанной вручена просителю по принадлежности с которых книг и настоящая выпись ему выдана с судовою печатью и подписаной подписиев? Регент Евтушемский.

Подольского губернского правления штатный переводчик Мильский

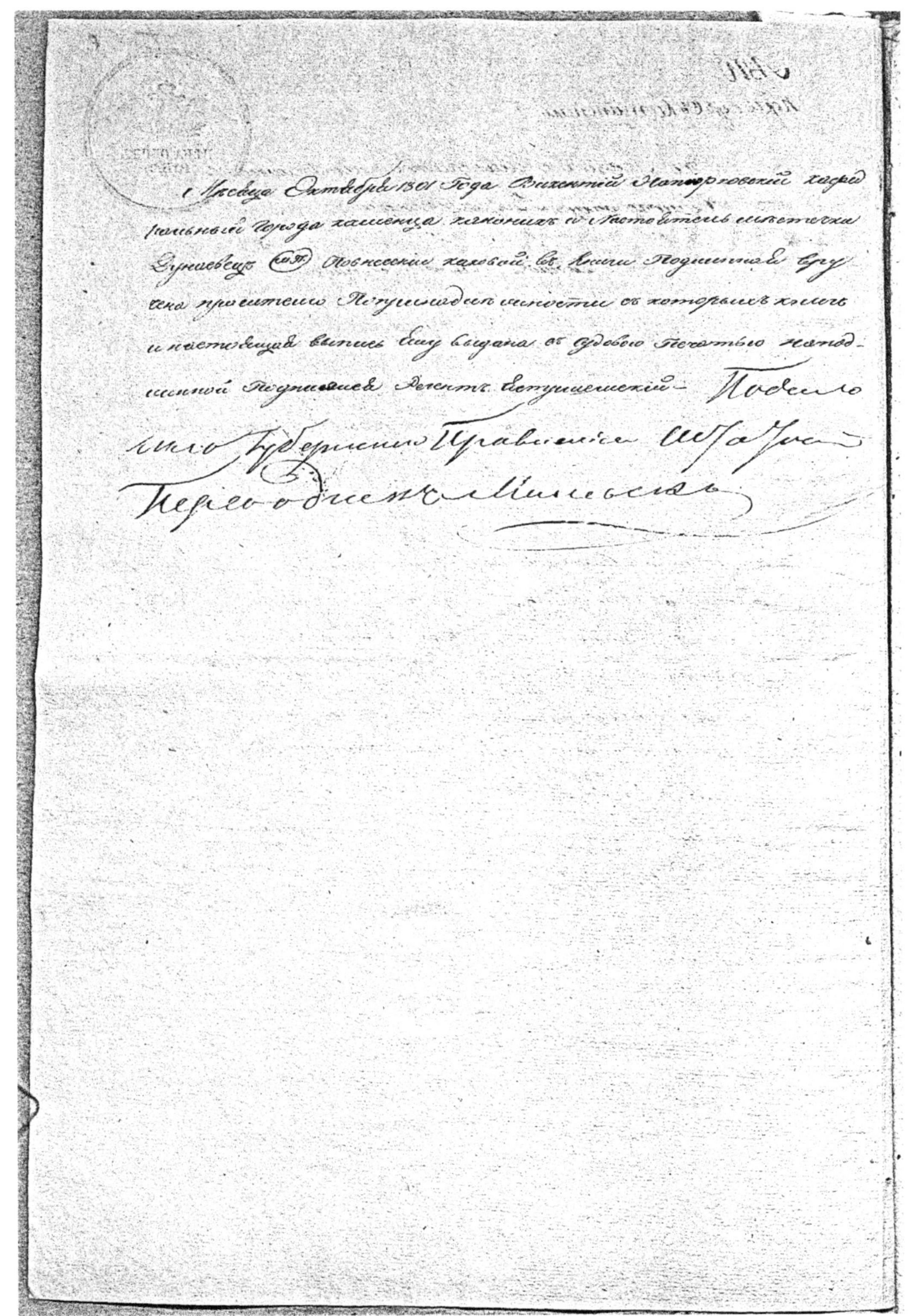

Месяца Октября 1801 Года Викентий [illegible] [illegible]
[illegible] Города Каменца [illegible] и настоятель местечка
Дунаевец [illegible] [illegible] [illegible] въ книги [illegible]
[illegible] просителю [illegible] [illegible] съ которыхъ книгъ
и настоящая выпись ему выдана съ судовою печатью на под-
линной подписью [illegible] [illegible] — Подлинно
[illegible] Губернского Правления [illegible]
[illegible]

~~13~~ 10.

Перевод с латинского

Тысяча восемьсот семнадцатого года Сентября двадцать девятого дня в Жванчике.-

Всем и каждому кому только угодно или надлежит знать извещаю что я будучи убеждён просьбой Дворянина Ивана Павчинского к выдаче ему из метрических книг приходской Жванчиковской церкви свидетельства о законном его рождении и удовлетворяя сему домагательству нашёл в означенных книгах следующее: Тысяча восемьсот перваго года июня 16 дня я Василий Бороневский наблюдающий Жванчиковской приходской церкви крестил младенца Ивана сына законновенчаных родителей дворян Иосифа и Марии Павчинских, Воспреемниками были Иосиф Смолинский, Гонткивска при крещении находились Доминик Гивинский и Богушина Тамашевска из села Липинъ. Что сие до слова списано в том заверяю собственноручною подписью и приложением церковной печати. Дано в приходе жванчиковском вышеупомянутого дня месяца и года.- наподлинный подписано Василий Бараневский.

Подольского губернского правления штатный переводчик Мильский.

Переводъ съ Латинскаго

ЦѢНА ОДИНЪ РУБЛЬ

10.

Тысяча восемьсотъ семнадцатаго года Сентября двадцать девятаго дня въ Иванчикахъ.—

13

Всѣмъ и каждому кому только угодно или надлежитъ знать извѣщаю что я будучи упрошенъ просьбой дворянина Ивана Павчинскаго о выдачѣ ему изъ метрическихъ книгъ приходской Иванчиковской церкви свидѣтельства о законномъ его рожденіи, и удовлетворяя сему домогательству нашелъ въ означенныхъ книгахъ слѣдующее: Тысяча восемьсотъ первого года Іюня 16 дня я Василій Бороневскій наблюдающій Иванчиковской приходской церкви крестилъ младенца Ивана Сына законно вѣнчанныхъ родителей дворянъ Іосифа и Маріи Павчинскихъ, воспріемниками были Іосифъ Смолинскій [illegible] при крещеніи находились Доминикъ Павинскій и [illegible] Томашевски изъ Села Липинъ. Что сіе до слова списано въ томъ свидѣтельствую собственноручнымъ подписомъ и приложеніемъ церковной печати. Дано въ приходѣ Иванчиковскомъ выше упомянутаго дня мѣсяца и года. На подлинномъ подписано Василій Бороневскій. — Подольскаго Губернскаго Правленія [illegible] переводчикъ [illegible]

Тысяча восемьсот семнадцатого года двадцать девятого сентября в Жванчике.

Извещаю всех и каждого кому только угодно или следует знать что я будучи убеждён домогательством Дворянина Степана Павчинского о выдаче ему свидетельства из метрических книг Жванчиковской приходской церкви о происхождении его и удовлетворяя сей его просьбе нашел в тех книгах следующее: Тысяча восемьсот четвертого года Генваря третьего дня я Василий Бороневский крестил младенца по имени Степана сына законновенчаных родителей дворян Иосифа и Марианны Островских Павчинских, Воспреемниками были Доминик Гивинский и Розалия Левицка из села Липины в верности каковог свидетельства подписываю сие собственноручно и утверждаю печатью приходской Жванчиковской церкви. В Жванчике вышепоименованного года и дня Василий Бороневский.

Подольского губернского правления штатный переводчик Мильский

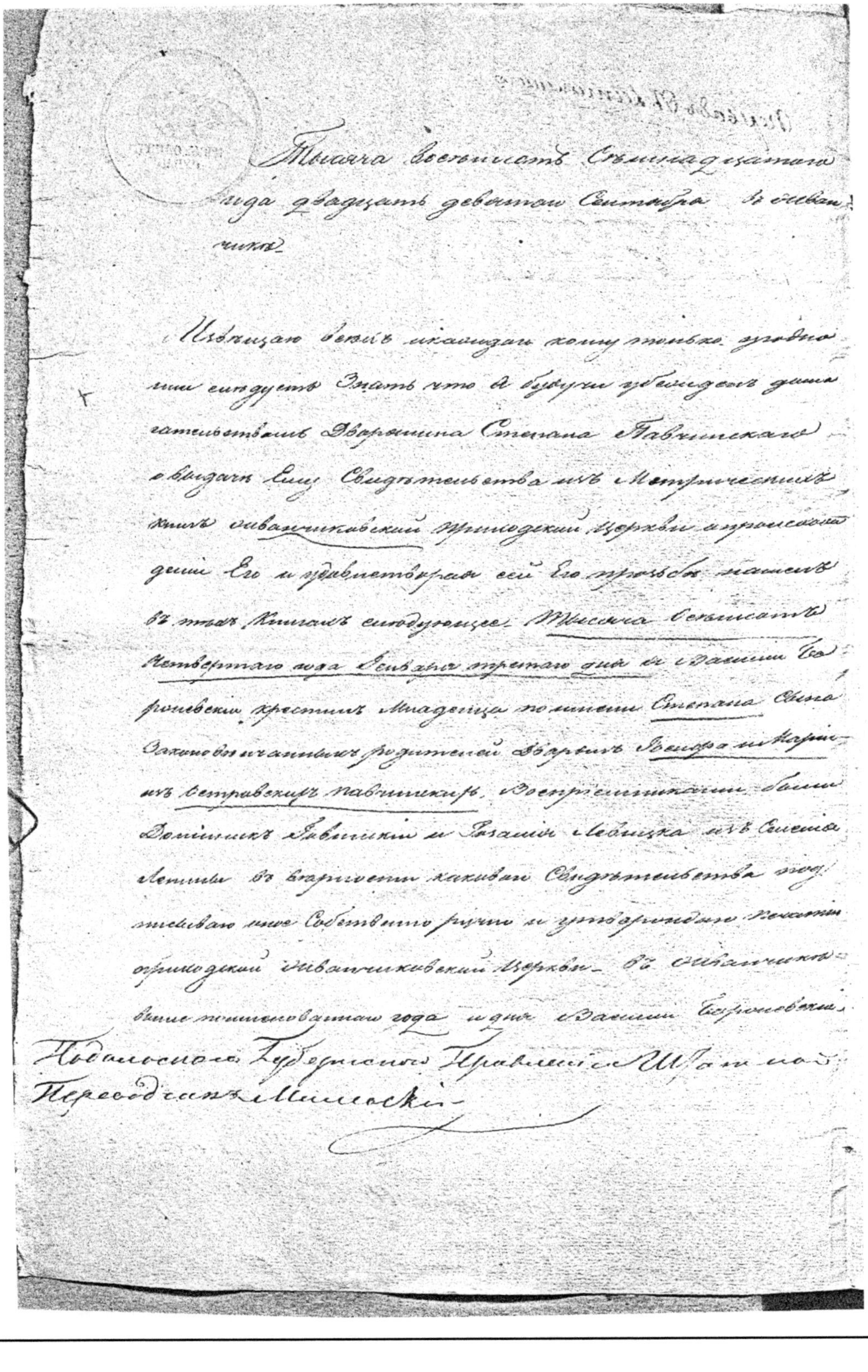

Тысяча восемьсотъ семнадцатаго
года двадцать девятого Сентября въ Ивашечкахъ(?)

Извещаю всехъ и каждаго кому только угодно
или следуетъ знать что я будучи убежденъ дана-
тельствами Дворянина Степана Павлицкаго
о выдачи ему Свидетельства изъ Метрическихъ
книгъ Ивашковской(?) Троицкой церкви о происхождении Его и удовлетворяя сей Его просьбе нашелъ
въ техъ Книгахъ следующее: Тысяча восемьсотъ
четвертаго года Генваря третьяго дня въ селении Во-
роновке(?) крестилъ Младенца по имени Степана Сына
законобрачныхъ родителей Дворянъ Іосифа(?) и Маріи
изъ Ветровскихъ(?) Павлицкихъ. Восприемниками были
Доминикъ Павлицкій и Розалія Левицкая изъ Селенія
Летинки(?) Въ верность каковаго Свидетельства подписываю мое Собственною рукою и утверждаю печатию
Троицкой Ивашковской Церкви. Въ Ивашечкахъ(?)
выше помянутаго года и дня. Въ селеніи Вороновке(?).

Подольскаго Губернскаго Правленія ... переводчикъ Миловскій(?)

~~14~~ 11

Тысяча восемьсот семнадцатого года сентября двадцать девятого дня в Жванчике.

Объявляю для _______ сведения всем вообще и каждому кому угодно надлежит знать что я к удовлетворению просьбы дворянина Михаила Павчинского домагавшегося выдачи ему о законном его рождении свидетельства из метрических книг Жванчиковской приходской церкви нашел в упомянутых книгах следующее: Тысяча восемьсот десятого года сентября одиннадцатого дня я Василий Бороневский крестил Михайла сына законных родителей дворян Иосифа и Марии Павчинских, воспреемниками были Семен Шугоревич и Розалия Левицка из деревни Липины что сие с подлинником верно в том даю мое собственноручно подписанное с приложением костёльной печати прописанного выше месяца и числа Василий Бороневский.

Подольского губернского правления штатный переводчик Мильский

№ 11

Тысяча осьмсотъ семнадцатого года Сентября двадцать девятаго дня съ Шиван-
чиковъ.

Объявляю для несомнѣннаго свѣдѣнія всѣмъ вообще
и каждому кому гдѣ надлежитъ знать что я къ
удовлетворенію просьбы Дворянина Михаила Павлинскаго домогавшагося выдачи ему о законномъ его рожденіи Свидѣтельства изъ метрическихъ книгъ Шиван-
чиковской Троицкой Церкви нашей въ помянутыхъ
книгахъ слѣдующее: Тысяча осьмсотъ десятаго
года Сентября одинадцатаго дня Я Василій Бориневскій крестилъ Михайла сына законныхъ родителей Дворянъ Іосифа и Маріи Павлинскихъ, воспріемниками были Семенъ Григоревичь и Розалія Левицка изъ деревни Лютинцы что сіе съ подлиннымъ
вѣрно въ томъ даю сіе за собственноручнымъ под-
Ре- писомъ и приложеніемъ костельной печати
прописаннаго выше мѣсяца и числа. Василій
Бориневскій. Подольской Губерніи
[illegible]

~~19~~15

Перевод с польского

По Указу Его Императорского

Величества Александра Павловича

Самодержца Всероссийского

Тысяча восемьсот второго года Декабря пятого дня

Подольское Дворянское Депутатское Собрание заключило определение следующего содержания:

Губернский предводитель дворянства и уездные депутаты

СЛУШАЛИ прошение дворянина Иосифа Шимонова сына а внука Гаспра Павчинского коим он просил рассмотреть представленные документы о дворянском его происхождении и записать определением по сему делу выдать ему выпись вместе с патентом в род и потомство Его, при каком прошении представлены следующие документы а именно Тысяча семьсот семьдесят второго года Сентября 12 дня в приходские книги Дунайгородской церкви записано а сего года 29 июня Дворянина Иосифа сына Шимона и Марианны Павчинских из тех книг выдана метрика крещения – 1802 года от 12____ных помещиков губернии Подольской дворянину Иосифу

15

Переводъ съ польскаго

По Указу Его Императорскаго Величества Александра Павловича Самодержца Всероссійскаго

ЦѢНА ОДИНЪ РУБЛЬ

5.

Тысяча восемьсотъ втораго года Декабря пятого дня

Подольское Дворянское Депутатское Собраніе Заключило опредѣленіе слѣдующаго содержанія. Губерніи предводитель Дворянства и Уѣздные Депутаты Слушали прошеніе Дворянина Іосифа Шимонова Сына [illegible] Павлинскаго коимъ онъ проситъ разсмотрѣвъ представленные имъ документы о Дворянскомъ его происхожденіи и затѣмъ съ опредѣленія по сему дѣлу выдать ему [illegible] съ патентомъ въ родъ [illegible] его приказа [illegible] при прошеніи представлены слѣдующіе документы именно тысяча Семьсотъ семдесятъ втораго года Сентября 12 дня въ приходскіе Книги Дунайгородской Церкви запи-

сано а сего года 29. Іюня Дворянина Іосифа сына Шимона и Марьяны Павлинскихъ [illegible] выдана метрика крещенія 1802 года отъ 12 [illegible] ныхъ Помѣщиковъ Губерніи Подольской Дворянину [illegible] сыну Шимона а внуку Гаспра Павчинскому дано свидетельство в том что они его знают с давних предков и что он достоинства дворянские защищаем. Наконец список от Ольгопольского уездного предводителя дворянства выданный в коем изъяснено: Дворянин Иосиф сын Шимона а внук Гаспра Павчинский имеет лет 26, жена его Марианна из Островских имеет лет 19 состоит в экономической должности у господина настоятеля Масткивецкого? костёла Лескевича

ОПРЕДЕЛИЛО: Поелику сын Шимона а внук Гаспра Павчинский доказывая дворянское происхождение свое от деда, что предки его вели жизнь дворянскую и в сем звании всегда находились с привилегиею дворян Всемилостивейшее данною 92. Артикула пункта 12-ть Сказано таковые доказательства что отец и дед всю жизнь в дворянском происхождении и Свидельства 12 помещиков принимать за достаточные доказательства для того представленные дворянином Иосифом Павчинским документы признать достаточными род его согласно списку на основании приводимой привилегии 77 Артикула внести до первой части родословной книги Подольской Губернии и на основании также привилегии 89 Артикула и Всемилостивейшего

Сыну Шимона а внуку Гаспра Павчинскому дано
Свидетельство въ томъ что они Его знаютъ съ давныхъ предковъ
что онъ достоинствомъ дворянства [illegible]. Таковый
Списокъ отъ Ольгопольскаго Уезднаго предводителя Дворянства выданный въ коемъ изъявлено. Дворянинъ Іосифъ Сынъ
Шимона а внукъ Гаспра Павчинскій имеетъ летъ 26. жена
Его Марьяна изъ Островскихъ имеетъ летъ 19. состоитъ
въ Экономической должности у Господина Настоятеля
Мястковецкаго Костела Ляскевича. Опредѣлили: По
Списку Сынъ Шимона а внукъ Гаспра Павчинскій доказывая
дворянское происхожденіе свое отъ деда, что предки Его
вели жизнь Дворянскую и всемъ Званіи всегда находились
а привиллегіею Дворянамъ Всемилостивейше данного 92. Артикула пунктъ 12мъ Сказано таковые доказательства что отецъ и дедъ вели жизнь въ Дворянскомъ происхожденіи и Свидетельствамъ 12ти помещи-
ковъ принимать за достаточные доказательства
для того представленные Дворяниномъ Іосифомъ Пав-
чинскимъ Документы признавъ достаточными
родъ Его согласно списку на основаніи приводимыхъ
привиллегіи 77 Артикула внести до первой части родословной книги Подольской Губерніи и на основаніи
также привиллегіи 85 Артикула и Всемилостивейшаго

~~20~~ 16

Манифеста тысяча восемьсот первого года 2 апреля настоящий патент в род и потомство выдать за уплатою в пользу Дворянского Собрания 2-х денег.

Подлинное подписали губернский предводитель дворянства Кантан? Пишинский, депутат каменецкий Кучинский,проскуровский Турский, ямпольский Березовский, литинский Шенаковский, винницкий Домбровский, гайсинский Голембиовский, ольгопольский Купчинский, и балтский Рудский.

Верно с подлинником, подписал секретарь дворянского Собрания ____ Непавский.

1803 года Августа 3 дня настоящее предписание Подольского Дворянского Депутатского Собрания в Актах Ольгопольского уездного суда явлено и в книгу под № 402 Записано

подписал регент Пётр Д_____тович.

Подольского губернского правления штатный переводчик Мильский

№ 16

Манифеста Тысяча восемь сотъ перваго года 2. Апреля состоявшагось платить въ родъ имотан-ство выдать за уплатою въ пользу Дворянскаго Со-бранія 2хъ денегъ. Подлинное подписали Губернскій Предводитель Дворянства Капитанъ [illegible]скій, Депутатъ Каменецкій Кульчицкій, Проскуров-[illegible]турскій, Ямпольскій Березовскій, Литинскій Ша-ловскій, Винницкій Домбровскій, Гайсинскій Го-лембіовскій, Ольгопольскій Курчинскій, и Балтскій [illegible]рудскій, вѣрно съ подлинникомъ подписалъ Секре-тарь Дворянскаго Собранія Антоній [illegible]овскій.—

1803 года Августа 13. дня. настоящее опредѣленіе

оноф

Подольскаго Дворянскаго Депутатскаго Собранія въ Актахъ Ольгопольскаго уѣзднаго Суда явлено и въ книгу подъ № 402 Записано подписалъ Регистр Петръ Дмитрашковичъ.— Подольскій Губер-скій Провин[illegible] [illegible]

Милевса

~~23~~ 186

Перевод с польского

Свидетельство!

Подольской Губернии Ушицкого Уезла Дворянину Иосифу Симонову Павчиньскому жительствующему имении Жванчиковского в селе Липинах принадлежащих помещице по первому браку Антонине Шпинской а по второму Богушевой в том, что он Иосиф Павчинский в сем имении от двадцати лет жительствует всегда признаваем Дворянином и самые только дворянам приличные должности исполнял для чего и настоящее свидетельство ему выдаётся во Жванчике 8-го октября 1817-го года.

Подписал Управляющий имением Осташевский.

Подольского губернского правления штатный переводчик Мильский

Переводъ съ Польскаго 185

ЦѢНА ОДИНЪ РУБЛЬ

4

Свидѣтельство!

Подольской Губерніи Ушицкаго Уѣзда
Дворянину Іосифу Симонову Павчинскому
жительствующему Имѣнія Звенчиковскаго во Селѣ
Липинахъ принадлежащимъ Помѣщицѣ по перво-
мъ Браку Антонинѣ Шпинской а по второму
Богушевой въ томъ, что Онъ Іосифъ Павчинскій
въ семъ Имѣніи отъ Двадцати Лѣтъ Житель-
ствуетъ всегда признаваемъ Дворяниномъ и семъ
только Дворянамъ приличные должности исполнялъ для чего и Настоящее Свидѣтельство Ему
выдается во Звенчикахъ 8го Октября 1817го Года
Подписалъ Управляющій имѣніемъ Осташевскій

Подольскаго Губернскаго Правленія Штатный
Переводчикъ [illegible]

Ко—

20б

4 июня 1837

Записка из дела по отношению Подольского Губернского Правления от 30 сентября 1836 года за №96897 о дворянском происхождении канцеляриста Михаила Павчинскаго.-

Обстоятельства коего следующие:

Подольское Губернское Правление при отношении от 30 сентября 1836 года за №96897 препровождает на рассмотрение Герольдии документы о дворянском происхождении служащего в оном канцеляриста Михаила Осипова сына

8.   ~~20~~ 20

4 Июн. 1837.

Записка изъ дѣла по отношенію Подольскаго Губернскаго Правленія отъ 30. Сентября 1836. года за № 96897. о дворянскомъ происхожденіи Канцеляриста Михаила Павчинскаго.—

Обстоятельства коего слѣдующія:

Въ дѣло

Подольское Губернское Правленіе при отношеніи отъ 30. Сентября 1836. года за № 96897. препровождаетъ на разсмотрѣніе Герольдіи документы о дворянскомъ происхожденіи служащаго въ ономъ Канцеляриста Михаила Осиповича

С[illegible]

Павчинскаго, просит по рассмотрении оных уведомления следует ли означенного Павчинскаго считать происходящим из дворян.

Документы сии следующие:

1. и 2. Выписи из книг Ушицкаго Уездного суда выданные с прописанием заявленных в оных двух метрических свидетельств за подписями приходских священников выданных в том, что крещены младенцы

Павчинскаго, проситъ по-
разсмотрѣніи оныхъ уве-
домленія слѣдуетъ ли оз-
наченнаго Павчинскаго
считать происходящимъ
изъ дворянъ.

Документы сіи слѣ-
дующіе.

1. и 2. Выписи изъ
Книгъ Пинскаго Гродскаго
Суда выданныя съ пропи-
саніемъ заявленныхъ въ
оныя двухъ Метрическихъ
Свидѣтельствъ за подписями
Приходскихъ Священниковъ
выдавшихъ въ томъ, что
Крещены младенцы ро-

рождённые от законобрачных супругов и дворян: 1734 Симон сын Ивана и Анны Павчинских и 1772 сентября 12 дня Иосиф сын Симеона и Марьяны Павчинских.

3. Метрические свидетельства из книг Жванчиковской приходской церкви выданные и в справедливости Каменецкою Римско-Католическою Духовною Консисториею заверенных из коих видно, что крещены младенцы: 1801 июня 16-го Иван, 1804 генваря 3-го Степан и 1810 годов

~~21~~ 21

денные от законнобрачных
Супругов и Дворян 1784.
Симон сын Ивана и
Анны Павлинских и 1772.
Сентября 12. Иосиф сын
Семена и Марьяны
Павлинских.—

3. Метрические свиде-
тельства из Книг Иван-
чиковской приходской Церкви
взятые и в справедливости
Каменецкого Римско-Като-
лического Духовного Кон-
систориею заверенные из
коих видно, что Крещены
Ко— Михаил: 1801. Июня 16го
Иван. 1804. Генваря 5го
Степан и 1810. годов Сен-

тября

сентября 11 числа Михаил – сыновья законно-венчанных супругов дворян Иосифа и Марии Павчинских.

4. Свидетельство Жванчиковского имения в Ушицком уезде состоящего – 1817 года октября 8 Иосифу Павчинскому данное в том, что он Павчинский жительствуя в означенном имении от 20 лет всегда был признаваем дворянином и исполнял должности одним только дворянам свойственные.

5. и 6. Копия с определением

тября 11. числа Михаилъ
сыновья законно-вѣнчанныхъ
супруговъ дворянъ Іосифа
и Маріи Павчинскихъ. —

4, Свидѣтельство Упра
вителей Ивашинковскаго
имѣнія
въ Липовецкомъ Уѣздѣ состоящаго 1817. года Октября 6.
Іосифу Павчинскому дан-
ное въ томъ, что онъ
Павчинскій жительствуя
въ означенномъ имѣніи
отъ 20. лѣтъ всегда былъ
признаваемъ Дворяниномъ
и исполнялъ должности
однимъ только двор-
янамъ свойственные. —

5. и 6. Копія съ опредѣленія

Подольского Дворянского Депутатского Собрания 1802 Декабря 9-го и дополнительной резолюции 1818 годов Марта 27 числа состоявшихся из коих видно, что оное собрание на основании выше прописанных документов и других при жеде представленных как то: Свидетельства помещиков и дворян Подольской губернии 1802 года дворянину Иосифу Шимонову сыну а Гаспра внуку Павчинскому данного в том, он и предки его всегда защищались дворянским достоинством, и списка

12

Подольскаго Дворянскаго
Депутатскаго Собрания
1802. Декабря 5го и дополнительной резолюции 1818. годовъ
Марта 27 числа состоявшихся
изъ коихъ видно, что оное
Собрание на основании выше
прописанныхъ документовъ
и другихъ при оныхъ неприд-
ставленныхъ какъ то: Сви-
детельства Помощиковъ
и Дворянъ Подольской Гу- [illegible]
бернии 1802 года Дворянину
Осипу Шимонову сыну
а Гаспра внуку Павчинскому
данного въ томъ, что онъ
и предки его всегда заши-
щались дворянскимъ
достоинствомъ, и списка

[illegible]

от Ольгопольского уездного предводителя дворянства выданного в коем значится дворянин Иосиф сын Шимона а внук Гаспра Павчинский 26. [лет?] состоит в экономической должности.

Заключило: 1-м представленные Иосифом Шимонова сыном а Гаспра внуком Павчинским документы признаны достаточными, род его согласно списку внести в 1 часть родословной книги Подольской губернии а 2-м Ивана Степана и Михаила Иосифовых сыновей

от Ольгопольского Уездного
предводителя Дворянства
выданного в коем значится
Дворянин Иосиф сын
Шимона а внук Петра
Павинский 26. состоит
в Экономической должности
Заключило: 1-е представленные Иосифом Шимоновым
сыном а Петра внуком
Павинским документы
признав достаточными,
род его согласно Списку
внести в 1. часть родо-
словной книги Подольской
губернии и 2-е Ивана
Стефана и Михаила
Иосифовых сыновей

Шимановых внуков а Ивановых правнуков Павчинских внести в ту же в 1-ю часть Дворянской родословной книги в котрой и отец их записан.

Секретарь П.Серв__?

Секретарь А.Масалин

~~23~~
23

Шимоновыхъ внуковъ с
Ивановыхъ правнуковъ Пав-
чинскихъ вместе въ туже
въ 1ю часть Дворянской родословной Книги въ которую
и отецъ ихъ записанъ.—

Секретарь П. Сергеевъ

Секретарь А. Ма[illegible]

24.

Мнение:

Товарищ Герольдмейстера управляющий экспедицией: рассмотрев документы препровождённые при отношении Подольского Губернського правления о происхождении канцеляриста Михайла Павчинскаго, находит, что дворянство рода сего основывается на одних метриках и свидетельствах частных лиц; напоелику документы сии не составляют доказательство сообразно с 40 ст: 1 Ат: Свода законов и продолжением к оной; а 107 статьей того же тома предоставлено Дворянським Собраниям вносить в родословные книги те только лица, которые представят неопровергаемые доказательства своего благородного достоинства;

21

Мнѣніе:

Товарищъ Герольдмейстера управляющій Экспедиціею: разсмотрѣвъ документы препровожденные при отношеніи Подольскаго Губернскаго правленія, о произхожденіи Канцеляриста Михаила Павлинскаго, находитъ, что дворянство рода сего основывается на выпискахъ изъ метрикъ и свидѣтельствахъ частныхъ лицъ; но поелику документы сіи не составляютъ доказательствъ на дворянство сообразныхъ съ 10 ст. 1 Т. Свода законовъ и продолженіемъ къ оному, 10 статьею того же тома, предоставлено Дворянскимъ Собраніямъ вносить въ родословныя книги, тѣ только лица, которыя представятъ неопровергаемыя доказательства своего благороднаго достоинства, но

почему товариш Герольдмейстера полагает определении Подольскаго Д:Д: Собрания 1802 Декабря 5 и 1818 годов Апреля 27 числа о признании Павчинских в дворянстве отменить, о чём оному Собранию дать знать указом, предписав при том дабы оно исключив род Павчинских из родословной книги отобрало выданные им на дворянство документы и учинило распоряжение о взыскании с кого следует за употребление по сему делу вместо гербовой простой бумаги всего за листов рублей. А Подольское губернское правление уведомить, что служащего в оном столоначальником канцеляриста Михайла Осипова сына Павчинского, из дворян считать не следует.-

Товариш Герольдмейстера П.Заш_____

тему Товарищъ Герольд-
мейстера полагаетъ:
определеніи Подольска-
го Д. Д. Собранія 1802
Декабря 5 и 1818 годовъ [illegible]
[illegible], о признаніи
рода Павчинскихъ въ
дворянствѣ отмѣнить,
о чемъ оному Собранію
дать знать указомъ,
предписавъ притомъ,
дабы оно исключивъ родъ
Павчинскихъ изъ родо-
словной книги, собрало
выданные имъ на дво-
рянство документы,
учинило распоряженіе
о взысканіи съ кого слѣ-
дуетъ за употреблен-
ную по сему дѣлу вмѣсто
гербовой простую бу-
магу всего 20 листовъ
рублей. А Подольское
Губернское Правленіе
увѣдомить, что служа-
щаго въ ономъ Столоначальникомъ канцеляриста
Михаила Антонова сы-
на Павчинского, изъ дво-
рянъ считать не
слѣдуетъ.-

Товарищъ Герольдмейстера П. [illegible]

1.Иван

2.Шимон

1734

3. Иосиф

1772

4.Иван 1801

5.Стефан 1804

6. Михаил 1810 (о сем запрос губернского правления)

2.Метрика о крещении незаверенная Консисторией

3.Метрика о крещении тоже не заверена Консисториею, Свидетельство управителя Жванчиковского 1817 г. данное в том, что он Йосиф происходит из дворян и занимает свойственные сему званию должностью. Признан ли он дворянстве по определнию Подольского Д.Собрания 1802 г. состоявшемуся, основаному на вышеуказанных документах, Свидетельств помещиков и дворян Подольской губернии и дворянском списке, при этом неимеющихся.-

4.5. и 6. На основании ныне представляемых метрических свидетельств заверенных Консисториею, испричислены к означенному определению по резолюции того же Собрания 1818 г. состоявшейся.

В должности Секретаря П.Сер___

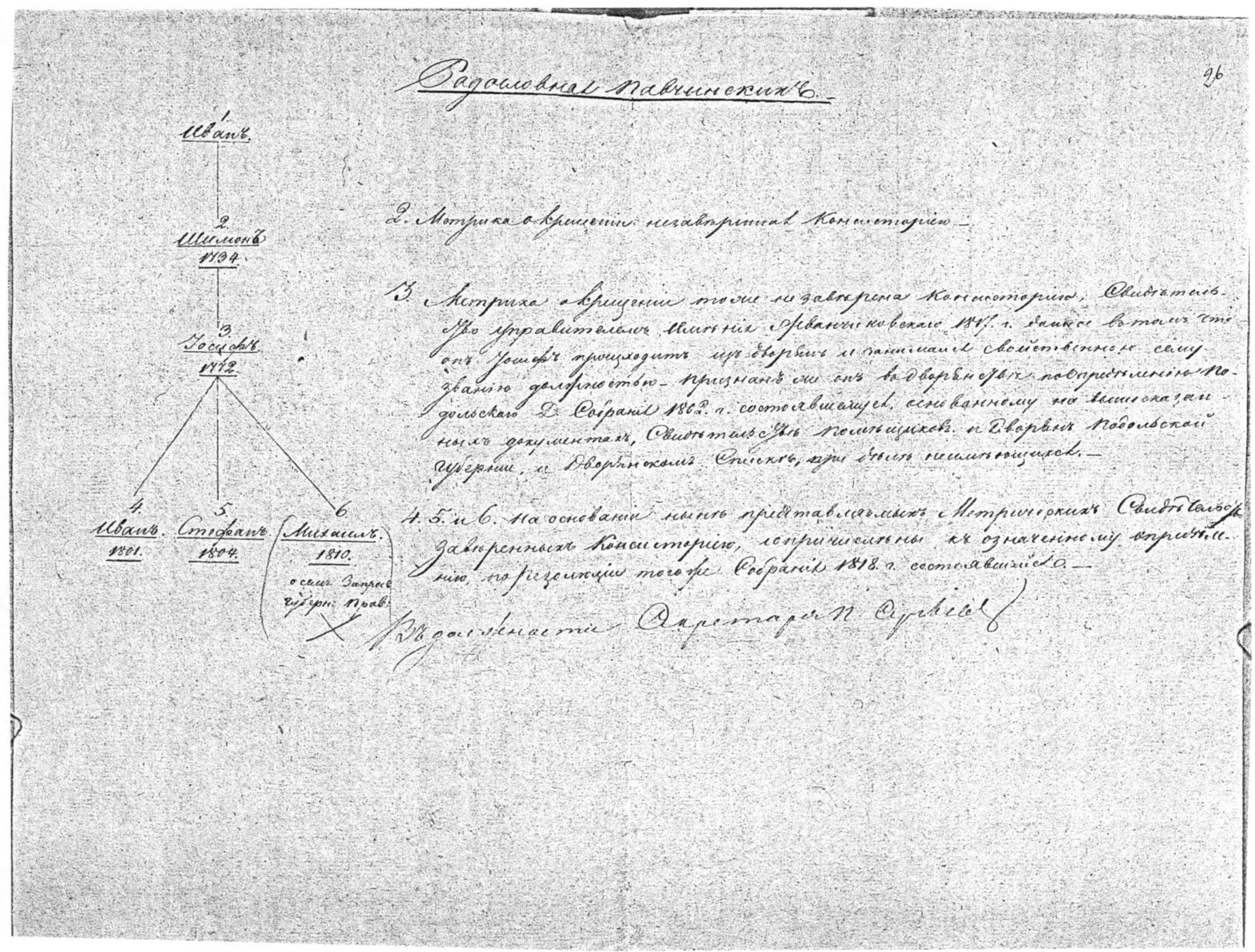

96

Родословная Павчинскихъ.—

1. Иванъ.
2. Шимонъ 1734.
3. Іосифъ 1772.
4. Иванъ 1801.
5. Стефанъ 1804.
6. Михаилъ 1810. о семъ Запросъ Губерн. Прав.

2. Метрика о крещеніи незавѣренная Консисторіею.—

3. Метрика о крещеніи тоже незавѣрена Консисторіею; Свидѣтельство управителемъ имѣнія [illegible] 1817 г. данное въ томъ что онъ Іосифъ происходитъ изъ дворянъ и занимался свойственною своему званію должностью— признанъ же онъ въ дворянствѣ по опредѣленію Подольскаго Д. Собранія 1802 г. состоявшемуся основанному на вышесказанныхъ документахъ, Свидѣтельствѣ помѣщиковъ и Дворянъ Подольской губерніи, и Дворянскомъ Спискѣ, при дѣлѣ имѣющихся.—

4. 5. и 6. На основаніи нынѣ представляемыхъ Метрическихъ Свидѣтельствъ завѣренныхъ Консисторіею, причислены къ означенному опредѣленію, по резолюціи того же Собранія 1818 г. состоявшейся.—

Въ должности Секретаря П. [illegible]

29

1837 года генваря 4-го дня по указу его Императорского Величества правительствующего сената Герольдия слушала записку из дела по отношению Подольского губернського правления от 30-го сентября 1836 года за №96.897-м о дворянском происхождении рода Михайла Павчинского. Обстоятельства коего следующие: Подольское губернское правления при отношении от 30-го сентября 1836 года за №96897-м препровождает на рассмотрение Герольдии документы о дворянском происхождении служащего в оном канцеляриста Михайла Осипова сына Павчинского, просит по рассмотрении оных уведомления _______________

29

1837 года Генваря 4го дня. По указу
Его Императорскаго Величества
Правительствующаго Сената Герольдія слушала записку изъ дѣла по отношенію Подольскаго Губернскаго правленія отъ 30го Сентября 1836 года за № 96.897м о дворянскомъ
происхожденіи рода Михаила
Павчинскаго. Обстоятельства коего слѣдующія: Подольское Губернское правленіе при отношеніи
отъ 30го Сентября 1836 года за № 96.897м
Выдано
препровождаетъ на разсмотрѣніе Герольдіи документы о дворянскомъ происхожденіи служащаго въ ономъ Канцеляриста
Михаила Осипова сына Павчинскаго, проситъ по разсмотрѣніи
оныхъ увѣдомленія [illegible]

означенного Павчинского считать происходящим из дворян. Документы сии следующие: 1 и 2. выписи из книг Ушицкого уездного суда выданные с прописанием заявленных в оныя двух метрических свидетельств за подписями приходських священников выданных в том, что крещены младенцы рожденные от законных супругов и дворян: 1734-го Симеон сын Ивана и Анны Павчинских и 1772-го сентября 12-го сын Симона и Марианны Павчинских. 3., Метрические свидетельства из книг Жванчиковской приходской церкви выданные и в справедливости

означеннаго Павчинскаго Митрофана
происходящимъ изъ дворянъ. Документы сіи слѣдующіе: 1 и 2,
Выписки изъ книгъ Зиницкаго уѣзднаго Суда выданныя, съ прописа-
ніемъ заявленныхъ въ оныя двухъ
метрическихъ свидѣтельствъ за
подписями приходскихъ Священниковъ выданныхъ въ томъ, что
крещены младенцы рожденные
отъ законнобрачныхъ супруговъ
и дворянъ: 1734го Симеонъ сынъ Ивана и Анны Павчинскихъ и 1772го
Сентября 12го сынъ Симеона и
Марьяны Павчинскихъ. 3, Мет-
рическія свидѣтельства изъ
книгъ Жванчиковиной приходской
церкви выданныя и засвид-

Каменецкою римско-католическою духовною Консисториею заверенные, из коих видно, что крещены младенцы: 1801-го июня 16 Иван, 1804 генваря 3 Степан и 1810 годов сентября 11-го числа Михаил, сыновья законновенчанных супругов дворян Иосифа и Марии Павчинских. 4., Свидетельство управителя Жванчиковского имения в Ушицком уезде состоящего 1817 года сентября 8-го Йосифу Павчинскому данное в том, что он Павчинский жительствуя в означенням имении с 20 лет всегда был признаваем дворянином и исполнял обязанности одним

28

тивости Каменецкой Римско-Католической Духовной Консисторіею завѣренныя, изъ коихъ видно, что крещены младенцы: 1801го іюня 16 Иванъ, 1804 Генваря 3 Степанъ и 1810 годовъ Сентября 11го числа Михаилъ, сыновья законнобрачныхъ супруговъ дворянъ Іосифа и Маріи Павчинскихъ. 4, Свидѣтельство управителя Жванчиковского имѣнія, въ Ушицкомъ

по-

уѣздѣ состоящаго, 1817 года Октября 8го Іосифу Павчинскому данное въ томъ, что онъ Павчинскій жительствуя въ означенномъ имѣніи отъ 20 лѣтъ всегда былъ признаваемъ дворяниномъ и исполнялъ должности только дворянам свойственные. 5 и 6., Копии с определения Подольского дворянського депутатського собрания 1802 декабря 5 и дополнительной резолюции 1818 годов марта 27 числа состоявшиеся, из коих видно что оное собрание на основании вышеперечисленных документов и других при этом не представленных, как то: свидетельства помещиков и дворян Подольской губернии 1802 года дворянину Иосифу Шимонову сыну а Гаспера внуку Павчинскому данного в том, что он и предки его всегда защищались дворянским достоинством одним только дворяниномъ свойственные. 5-е, копіи съ определенія Подольского Дворянского депутатского Собранія 1802 декабря 5 и дополнительной резолюціи 1818 годовъ Марта 27 числѣ состоявшихся; изъ коихъ видно, что оное Собраніе на основаніи вышеприписанныхъ документовъ и другихъ при дѣлѣ не представленныхъ, какъ то: свидѣтельства помѣщиковъ и дворянъ Подольской Губерніи 1802 года дворянину Іосифу Шимоновску сыну, а теперь внуку Павлинскому данного въ томъ, что онъ и предки его всегда защищались дворянскимъ достоинствомъ

и списка от Ольгопольского уездного предводителя дворянства выданного, в коем значится дворянин Йосиф сын Шимона а внук Гаспра Павчинский 26, состоит в экономической должности заключило: 1-м представленные Йосифом Шимонова сыном, а Гаспра внуком Павчинским документы признав достаточными, род его согласно списку внести в 1-ю часть родословной книги Подольской губернии. и 2-м Ивана, Степана и Михайла Иосифовых сыновей, Шимоновых Внуков, а Ивановых правнуков Павчинских внесть

и списка отъ ольгопольскаго уѣзднаго предводителя Дворянства
Звиздальскаго, въ коихъ значутся:
дворянинъ Іосифъ сынъ Шимона,
а внукъ Замира Павчинскій 26, состоитъ въ Экономической должности Заключило: 1е представленные Іосифомъ Шимоновымъ сы-
номъ, а Замирою внукомъ Павчин-
скимъ документы признавъ до-
сти статочными, родъ его съ семейно-
стию внести въ 1ю часть родословной книги Подольской Губерніи
и 2е Ивана, Степана и Михаила
Іосифовыхъ сыновей, Шимоновыхъ внуковъ, а Ивановыхъ правнуковъ Павчинскихъ внести въ

в ту же 1-ю часть дворян ской родословной книги в которой и отец их записан.

Законами повелеваю: Свода Законов тома IX о сот. Ст. 40-ю неопровержимыми доказательствами дворянського состояния признаются:

1., Жалованные на дворянство грамоты. 2., Дворянские родословные книги, содержимые Герольдиею. 3., Жалованные от государей гербы. 4., Патенты на чины, приносящие дворянское достоинство. 5., Доказательства, что Кавалерский Российский орден особу украшают. 6., Доказательства чрез жалования, или похвальные

туже 1ю часть дворянской родословной книги, въ которой и отецъ ихъ записанъ. Законами повелено: Свода Законовъ тома IX о сост. Ст. 40ю Неопровергаемыми доказательствами дворянскаго состояния признаются: 1, Жалованныя на дворянство грамоты. 2, Дворянскiя родословныя книги и списки, содержимые Герольдiею. 3, Жалованные отъ Государей гербы. 4, Патенты на чины, приносящiе дворянское достоинство. 5, Доказательства, что Кавалерскiй Россiйскiй орденъ особу украшалъ. 6, Доказательства чрезъ жалованныя, или похвальныя грамоты. 7., Указы на жалование земель и деревень. 8., Вер___ в прежнее время по дворянской службе поместьями. 9., Указы или грамоты на пожалования их поместья вотчинами. 10., Указы или грамоты на пожалованья деревни и вотчины, хотя бы оныя выбыли из роду. 11., Указы, наказы или грамоты данные дворянину на посольство, посланничество, или иную посылку. 12., Доказательства о дворянской службе предков и написание в прежних десятниях? из дворян и детей боярских. 13., Доказательства, что отец и дед вели благородную жизнь,

грамоты. 7, Указы на пожалова-
ніе земель и деревень. 8, Верстанье
въ прежнее время по дворянской
службѣ помѣстьями. 9, Указы,
или грамоты на продаваніе
изъ помѣстья вотчинами. 10,
Указы, или грамоты на пожало-
ванныя деревни и вотчины, хотя
бы оныя и выбыли изъ роду. 11, Указы,
наказы, или грамоты данныя
дворянину на посольство, намѣст-
ничество, или иную посылку. 12,
Доказательства о дворянской
службѣ предковъ и написаніе
въ прежнихъ десятняхъ изъ дворянъ и детей боярскихъ. 13,
Доказательства, что отецъ и
дѣдъ вели благородную жизнь,

или состояние, или службу сходственную с дворянским названием. 14., Купчие, закладные, рядные и духовные о дворянском имении. 15., Доказательства что отец и дед владели деревнями. 16., Доказательства поколенные и наследственные, восходящие от сына к отцу, деду, прадеду и так выше, сколько показать могут, или пожелают. 17., Как составляемый в Герольдии общий дворянских родов гербовник, заключает в себе соединение представленных доказательств на дворянство по каждому роду; то внесение в оный причисляется вторейшим

или состояніе; или службу сходственную съ дворянскимъ названіемъ. 14., Купчія, закладныя, разныя и духовныя о дворянскомъ имѣніи. 15., Доказательства, что отецъ и дѣдъ владѣли деревнями. 16., Доказательства поколѣнныя и нисходительныя, восходящія отъ сына къ отцу, дѣду, прадѣду и такъ выше, сколько показать могутъ, или пожелаютъ. 17., Какъ составляемый въ Герольдіи общій дворянскихъ родовъ гербовникъ, заключаетъ въ себѣ соединенія представленныхъ доказательствъ на дворянство по каждому роду; то внесеніе въ оный пріемлется вѣрнѣйшимъ доказательством Дворянского состояния. 18., При сем однако не исключаются и другие, могущие отыскаться справедливые и неоспоримые на дворянство доказательства.

И продолжением к оной: 1., Грамоты Российских Государей и привилегии Королей Польских должны быть принимаемы за главнейшие доказательства дворянства, с тем однако же, чтобы доказывающие дворянство, подтверждали актами присутственных мест, что они действительно происходят от тех предков кои жалованы оными грамотами или привилегиями и

доказательствомъ Дворянскаго
состоянія. 18, притомъ однакожъ
не исключаются и другія, могущія
отыскаться справедливыя и не-
оспоримыя на дворянство доказательства. И приложеніемъ
къ оной: 1, Грамоты Россійскихъ
Государей и привиллегіи Королей
Польскихъ, должны быть принимаемы за главнѣйшія доказательства дворянства, съ тѣмъ
однакожъ, чтобы доказывающіе
дворянство, подтверждали актами присутственныхъ мѣстъ,
что они дѣйствительно про-
исходятъ отъ тѣхъ предковъ,
кои жалованы оными грамо-
тами, или привиллегіями, и

10-м Дворянские депутатские Собрания при рассматривании выписок и справок, выданных из архивов присутственных мест и показывающих, что в самых отдалённых временах состояло недвижимое имение за лицом, имеющим одинаковую фамилию с просителем, должны всегда иметь в виду: 1., Если представленными справками или выписками доказываемо будет, что предок просителя владел недвижимым дворянским имением, или землёю, жалованную за службу по грамотам и привилегиям Королевским, то

11то Дворянскія депутатскія Собранія при разсматриваніи
выписокъ и справокъ, выданныхъ
изъ архивовъ присутственныхъ
мѣстъ и показывающихъ, что
въ самыхъ отдаленныхъ време-
нахъ состояло недвижимое имѣніе за лицомъ, имѣющимъ одинаковую фамилію съ просите-
лемъ, должны всегда имѣть въ
виду: 1., Если представленными
справками, или выписками доказываемо будетъ, что предокъ
просителя владѣлъ недвижи-
мымъ дворянскимъ имѣніемъ,
или землею, жалованною за
службу по грамотамъ или при-
вилегіямъ Королевскимъ, то

в подтверждение права на владение тем имением должен быть представлен акты, по коим переходило оно по наследству к потомкам _____. но если оное выбыло из рода, то в сем случае должны быть представлены копии с документов, по коим те имения перешли в другое владение. 2., Кто были просителя прадед, дед и отец и к какому классу людей они принадлежали. 3., Если бы встретилось что сами просители и предки их в течении нескольких лет не пользовались уже правами дворянства,

~~25~~ 41
32

въ подтвержденіи права на владѣніе тѣмъ имѣніемъ, должны
быть представлены акты, по
коимъ переходило по наслѣдству
къ потомкамъ имѣніе: если
оное выбыло изъ рода, то въ семъ
случаѣ должны быть представ-
ляемы копіи съ документовъ,
по коимъ то имѣніе перешло
въ другое владѣніе. 2, Кто были
та
просителя прадѣдъ, дѣдъ и
отецъ и къ какому классу людей они принадлежали. 3, Если бы
встрѣтилось, что сами просители и предки ихъ въ теченіи
нѣсколькихъ лѣтъ не пользовались уже правами дворянства,

то таковые просители обязаны представить надлежащие доказательства, что ни они сами ни предки их не были лишены сего достоинства силою закона. 107-ю Депутатское собрание обязано вносить в родословную книгу только те лица, которые представят неопровержимые доказательства своего благородного достоинства.

ОПРЕДЕЛИЛА:

Герольдия рассмотрев документы представлены при отношении Подольского губернского правления от 30 сентября 1836 года за №96897 о происхождении канцеляриста Михаила Павчинского нашла ___, что

то таковые просители обязаны
представить надлежащiя доказательства, что ни они сами, ни
предки ихъ, не были лишены сего
достоинства силою закона. 107ое
Депутатское Собранiе обязано
вносить въ родословную книгу
только тѣ лица, которые представятъ неопровергаемые доказательства своего благороднаго достоинства. Опредѣлили:
Х Герольдiя разсмотрѣвъ документы препровожденные при
отношенiи Подольскаго губерн-
отъ 30 Октября 1836 года № 15837
скаго правленiя о происхожде-
нiи Канцеляриста Михаила
Павчинскаго на[шла]ходитъ, что

дворянство рода его основывается на одних метриках и свидетельствах частных лиц; но поелику документы сии не составляют доказательств на дворянство сообразных с 40-ю статьею IX тома Свода Законов и продолжением к оной, а 107-ю статтею того же тома предоставлено Дворянським собраниям вносить с родословные книги те только лица, которые представят неопровержимые доказательства своего благородного достоинства; почему Герольдия ревизиею 4 января 1837 года заключила: _________ определение Подольского

~~26~~ 36

33

дворянство рода его основывается на одних метриках и свидетельствах частных лиц;
но поелику документы сіи не
составляютъ доказательствъ
на дворянство сообразныхъ съ
40ю статьею IX тома Свода Законовъ и продолженіемъ къ оной,
а 107ю статьею того же тома предоставлено Дворянскимъ Собраніямъ вносить въ родословныя
книги тѣхъ только лицъ, которые представятъ неопровергаемые доказательства своего
благороднаго достоинства;
резолюціею 4 Января 1877 г. [illegible]
почему Герольдія (положила)
опредѣленіе Подольскаго

Дворянського депутатського собрания 1802 Декабря 5 и 1818 годов марта 27 числа о признании рода Павчинских в дворянство отемнить; о чем оному собранию дать знать указом, предписав при том, дабы оно исключив род Павчинских из родословной книги отобрало выданные им на дворянство документы ~~учинило распоряжение о взыскании с кого следует за употреблённую по сему делу вместо гербовой простую бумагу, всего за шесть листов двенадцать рублей.~~ А Подольское Губернское правление

Дворянскаго депутатскаго собранія 1802 Декабря 5 и 1818 годовъ
Марта 27 чиселъ опредѣленій рода Павчинскихъ во дворянствѣ
отмѣнить; о чемъ оному Собранію дать знать указомъ, предписавъ притомъ, дабы оно из-
ключивъ родъ Павчинскихъ изъ
родословной книги отобрало
выданные имъ на дворянство
документы. Сущаго распоряженіе о взысканіи съ кого слѣдъ-
уетъ за употребленную по
сему дѣлу вмѣсто гербовой
простую бумагу, всего за шесть
листовъ двѣнадцати рублей. А
Подольское Губернское правленіе

уведомить, что служащего в том правлении столоначальником Канцеляриста Михайла Осипова сына Павчинскаго из дворян считать не следует. Что и было исполнено 30 Апреля 1837 года.

Конец.

Олександр Званцов?

Г. Пирте?

Юрий Деконский

Нил? _____

П.Заи______

Об отмене определений Подольского Дворянського

собрания о признании в дворянстве рода Павчинских

Испо: 30 Апреля 1837

[illegible] 34

увѣдомить, что служащаго въ ономъ правленіи Столоначальникомъ Канцеляриста Михаила Осипова сына Павчинскаго дворяниномъ считать неслѣдуетъ. Что и было исполнено 30. Апрѣля 1837 года.

Александръ Ивановъ [illegible]

Г. [illegible]

Юрій Декошвій [illegible]

[illegible]

Л. [illegible]

[illegible]

Объявленіе опредѣленій Подольскаго Дворянскаго собранія, о признаніи въ дворянствѣ рода Павчинскихъ.

Испо: 30. Апрѣля 1837.

В сем деле номерованных тридцать три листа

Коллежский Секретарь Григор___

Дело сие окончательно решено

~~Чиновник Особых Поручений~~

Заведывающий Разборивем Архивом ________

25

Въ семъ дѣлѣ номерованныхъ тридцать три листа

Коллежскій Секретарь Греф[illegible]

Дѣло сіе окончательно рѣшено

~~Чиновникъ Особыхъ Порученій~~

Завѣдывающій
Разборщикомъ Архивомъ [illegible]

Метрические книги посада Шабо Аккерманского уезда (1895-1899)

В метрических книгах православной Свято-Николаевской церкви посада Шабо Аккерманского уезда Бессарабской Губернии (Кишиневская Духовная Консистория) за 1895 и 1899 годы были обнаружены две метрические записи о рождении членов семьи Павчинских:

- о рождении 26 января 1895 и крещении 11 февраля 1895 Александра, сына Дворянина Михаила Иустиновича Павчинского второбрачного и законной жены его Марии Ивановны, первобрачной.
- о рождении 14 января и крещении 17 января 1899 года дочери отставного коллежского регистратора Владимира Иустиновича Павчинского и его законной жены Эммы. Крестным отцом значится «потомственный дворянин Михаил Иустинов Павчинский».

На момент проведения исследования местом хранения метрических книг г. Аккермана и посада Шабо являлся Архивный отдел Белгород-Днестровской райгосадминистрации Одесской области Украины. (67790, м.Білгород-Дністровський, вул. Леона Попова, 24, тел. (249) 2-21-48).

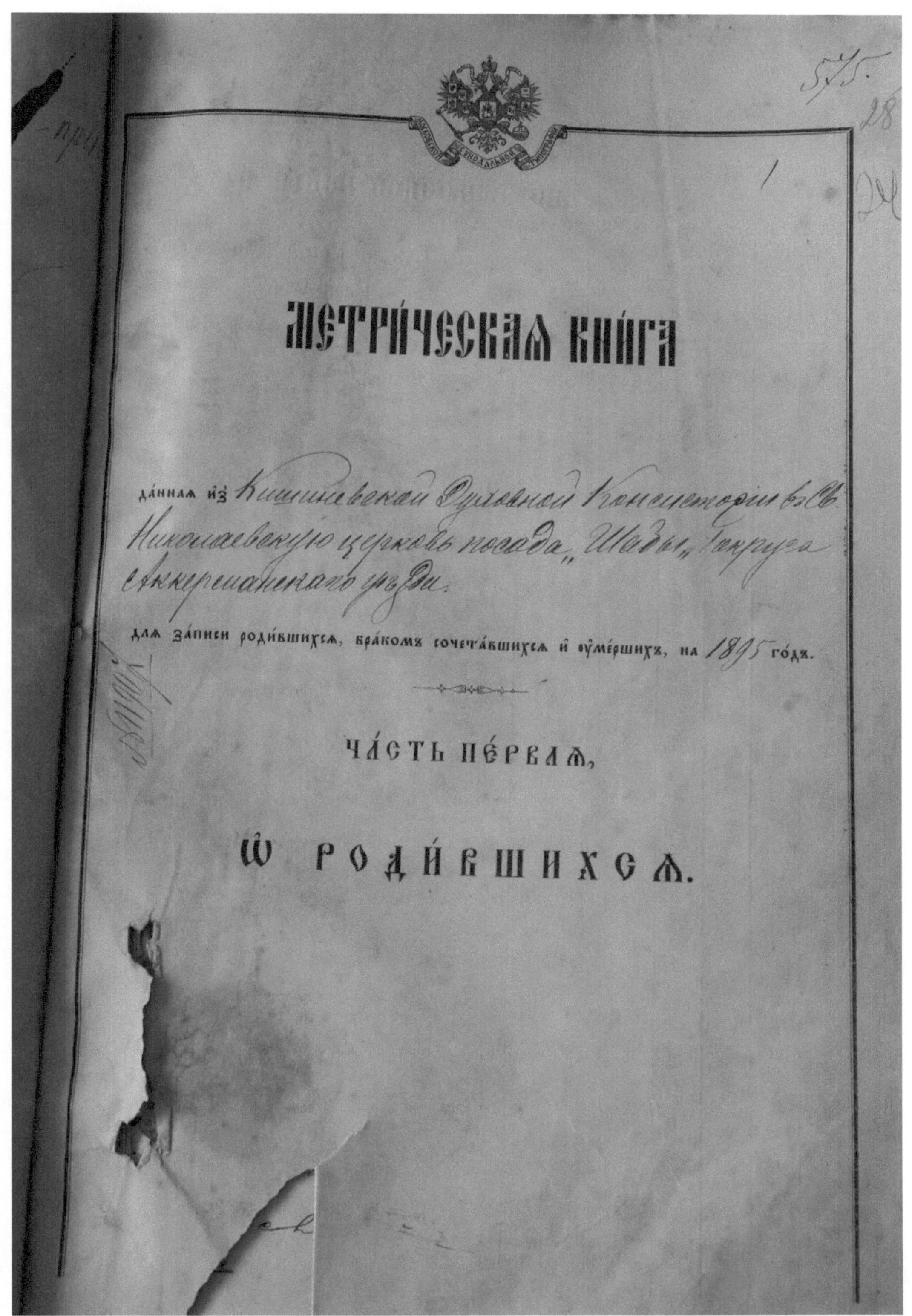

МЕТРИ́ЧЕСКАѦ КНИ́ГА

да́ннаѧ и҆з Кишиневской Духовной Консистории въ Св. Николаевскую церковь посада „Шабы" Округа Аккерманского уезда.

для за́писи роди́вшихсѧ, бра́комъ сочета́вшихсѧ и҆ ѹ҆ме́ршихъ, на 1895 го́дъ.

ЧА́СТЬ ПЕ́РВАѦ,

Ѿ РОДИ́ВШИХСѦ.

Метрической книги на 1835 года, часть п[illegible]

Счет родившихся: Мужеска пола	Счет родившихся: Женска пола	Месяц и день: рождения	Месяц и день: крещения	Имена родившихся	Звание, имя, отчество и фамилия родителей, и какого вероисповедания
		Февраль			
7	"	1	3	Симонъ	Состоящий въ Дунайской флотилии боцманъ Евтихий Романовъ Павчинский и законная жена его Елена Романова; оба первобрачные и вероисповедания православнаго. Священникъ Сергий. Псаломщикъ Николай
"	16	2	4	Анна	Мещанинъ посада Шабы Бессарабской губернии Аккерманского уезда Онуфрий Евстафиевъ Шаповаленко и законная жена его Дария [illegible]; оба первобрачные и вероисповедания православнаго. Священникъ Сергий. Псаломщикъ Николай
"	17	2	5	Агафия	Мещанинъ посада Шабы Бессарабской губернии Аккерманского уезда Романъ Авксентиевъ Мырза и законная жена его Пелагея Евфимиева; оба первобрачные и вероисповедания православнаго. Священникъ Сергий. Псаломщикъ Николай
8	"	7	10	Парфентий	Состоящий въ Дунайской флотилии матросъ Иванъ Григориевъ [illegible] и законная жена его Акилина Миронова; оба первобрачные и вероисповедания православнаго. Священникъ Сергий. Псаломщикъ Николай
"	18	7	10	Марфа	Мещанинъ города Аккермана Бессарабской губернии Евфимий Григорьевъ Мелованов и законная жена его Ирина Степанова; оба первобрачные и вероисповедания православнаго. Священникъ Сергий. Псаломщикъ Николай
9	"	26 февраля	11	Александръ	Дворянинъ Михаилъ [illegible] Павчинский второбрачный и законная жена его Мария Иванова первобрачная, оба православнаго вероисповедания. Священникъ Сергий. Псаломщикъ Николай

Мед. №62096 13/VI-48

Выписанъ къ делу Чет. отъ 11 Мая 1911 г. №447

вхід. №06-15-2191

580
293

НА 1895 ГОДЪ, ЧАСТЬ ПЕРВАЯ, О РОДИВШИХСЯ. 6

Званіе, имя, отчество и фамилія воспріемниковъ.	Кто совершалъ таинство крещенія.	Рукоприкладство свидѣтелей записи по желанію.
Мещанинъ посада Шабы Симонъ Алексѣевъ Прокопенко и Шабская мещанка Параскева Романова Мартынюкова. Богославскій Стеценко	Священникъ Сергій Богославскій съ псаломщикомъ Николаемъ Стеценко.	
Мещанинъ посада Шабы Никифоръ Филиповъ Столяренко и Шабская мещанка Татьяна Филипова Подгорняя. Богославскій Стеценко	Священникъ Сергій Богославскій съ псаломщикомъ Николаемъ Стеценко.	
Мещанинъ посада Шабы Сергѣй Константиновъ Оренко и Шабская мещанка Евфросинія Ильева Крыжановская. Богославскій Стеценко	Священникъ Сергій Богославскій съ псаломщикомъ Николаемъ Стеценко.	
Аккерманскій мещанинъ Родіонъ Марковъ Фроськинъ и жена запаснаго рядового Акилина Федорова Гончарукова. Богославскій Стеценко	Священникъ Сергій Богославскій съ псаломщикомъ Николаемъ Стеценко.	
Петропавловскій мещанинъ Петръ Ивановъ Романовъ и Аккерманская мещанка Марія Арсеньева Гришуткова. Богославскій Стеценко	Священникъ Сергій Богославскій съ псаломщикомъ Николаемъ Стеценко.	
Коллежскій Секретарь Іоаннъ Львовъ Лосевъ и жена ... советника ... Шабы Анна Константинова Бюксель. Богославскій Стеценко	Священникъ Сергій Богославскій съ псаломщикомъ Николаемъ Стеценко.	

МЕТРИЧЕСКОЙ КНИГИ НА 1899 г.

Счет родившихся: Мужеска пола	Счет родившихся: Женска пола	Месяц и день: рождения (Январь)	Месяц и день: крещения	Имена родившихся	Звание, имя, отчество и фамилия родителей, и вероисповедание
	9.	14.	17.	Иустиния	Сия запись сделана на основании показаний восприемников. Мещанин города Аккермана Бессарабской губернии Петр Арсеньев Варнай и законная жена его Татиана Герасимова, оба первобрачные и вероисповедания православного. Священник Сергий Пятницкий. Псаломщик Никанор Мага.
	10.	14.	17.	Надежда	Сия запись сделана на основании показаний восприемников. Отставной коллежский регистратор Владимир Игнатьев Павчинский православного вероисповедания и законная жена его Зинаида [illegible] [illegible] вероисповедания, оба первобрачные. Священник Сергий Пятницкий. Псаломщик Никанор Мага.
	11.	21.	24.	Ксения	Жена мещанина посада Шабо Аккерманского уезда Бессарабской губернии [illegible] Никифоренко, умершего 28 ноября 1898 года, Дария [illegible] Никифоренко, вдова [illegible] вероисповедания православного. Священник Сергий Пятницкий. Псаломщик Никанор Мага.
	12.	22.	24.	[illegible]	Мещанин города Аккермана Бессарабской губернии Давид [illegible] [illegible] и законная жена его Анна Васильева, оба первобрачные и вероисповедания православного. Священник Сергий Пятницкий. Псаломщик Никанор Мага.
	13.	3.	30.	Вера	Заведующий 2-х классным училищем колонии Шабо Аккерманского уезда Бессарабской губернии [illegible] [illegible] Игнатий Васильев [illegible] и законная жена его Полина [illegible], оба первобрачные и вероисповедания православного. Священник Сергий Пятницкий. Псаломщик Никанор Мага.

В течении января месяца было родившихся [illegible]

Священник [illegible]

25

ГО́ДЪ, ЧА́СТЬ ПЕ́РВАѦ, Ѡ РОДИ́ВШИХСѦ.

Зва́нїе, и҆́мѧ, ѻ҆́тчество и҆ фами́лїѧ воспрїе́мникѡвъ.	Кто̀ соверша́лъ та́инство крещє́нїѧ.	Рꙋкоприкла́дство свидѣ́телей за́писи по жела́нїю.
Шабский мещанин Иосиф Логинов Тороненко и шабская мещанка Мария Григорьева Клименко.	Священник Сергий Пятницкий с псаломщиком Иваном Малом	
Потомственный дворянин Михаил [illegible] Павлинский и шабская мещанка Домникия Симеонова Мазурова.	Священник Сергий Пятницкий с псаломщиком Иваном Малом.	
Аккерманский мещанин [illegible] Кологченко и шабская мещанка Феодосия Феодорова Бердубенко	Священник Сергий Пятницкий с псаломщиком Иваном Малом.	
Шабский мещанин [illegible] Черноуцкий и шабская мещанка Ольга Павлова Кравченко.	Священник Сергий Пятницкий с псаломщиком Иваном Малом.	
Заведующий 2-м [illegible] посада Шабо, Аккерманского уезда, Бессарабской губернии урожденный из крестьян села Большой Знаменки Таврической губернии Василий Григорьев [illegible]нов и [illegible] Вера Владимирова [illegible]енко.	Священник Сергий Пятницкий с псаломщиком Иваном Малом.	S'a casatorit la prima de 25 septembrie 1930 cu Nicolai Nic. Berghea [ord. Cons. Eparh. No 9.34 din 22/XI 1930]. Paroh. Pr. P. [illegible]

[illegible] полу шесть (6) и женского тринадцать (13). Свидетельствую [illegible]

Сергий Пятницкий

Алфавитный каталог дел Павчинского, отложившихся в Национальных архивах США (1930-1949)

Результаты поисков по алфавитным индексам персональных дел Государственного Департамента США в Национальном архиве (Колледж парк, Мериленд, США). Поиск проводился по трем каталогам, покрывающим периоды 1930-1939, 1940-1944 и 1945-1949 годы включительно.

REFERENCE SERVICE SLIP

DATE: 05/20/10 — NO. 90807

NAME OF REQUESTOR: Leck, Greg

AGENCY OR ADDRESS: 035033

UNITS OF SERVICE

INFORMATION SERVICE (Number of replies)		RECORDS FURNISHED (Number of items)	TEXTUAL, STILL PICTURES, ETC. (Number of pages)	MOTION PICTURES (Number of feet)	SOUND RECORDINGS (Number of feet)
WRITTEN	ORAL				

SOURCE OF REQUEST (Check)

- NA Administrative Use
- Agency of Origin
- Other Government
- Nongovernment

REQUEST HANDLED BY: JA

RG NO.	STACK AREA	ROW	COMPARTMENT	SHELF	OUTCARD NO.
59	250	01	16	08	

RECORD IDENTIFICATION

Entry: 199B

Dept State Decimal File
Name Index 1930-1939
Pavchinsky, Peter M
Box 446 [please check box label to confirm box number]

Box 446

RECEIVED BY	DATE	RETURNED TO	DATE

NATIONAL ARCHIVES AND RECORDS ADMINISTRATION — DO NOT REMOVE FROM RECORDS — NA FORM 14001 (11-85)

National Archives and Records Administration, College Park, Maryland, USA

Department of State Decimal File. Name Index 1930-1939.

RG 59 250/01/16/08 Box 446

RG 59 GENERAL RECORDS OF THE
DEPARTMENT OF STATE

Central Decimal File

NAME INDEX, 1910-44
1930 - 1939

PATUBO, FEDEL
TO
PDKREPA, BUL, MARIA LOUISA

HM 1991
BOX NO. PI-157 E-200
446

Pavdazzo,Joseph Nov.30,1934 811.11102 Pavdazzo, Joseph
Pavasars,Bruno Feb.20,1937 702.60p61/4
Pav
Paulu
Pauls
Paulk

REFERENCE SERVICE SLIP

DATE 05/21/10 NO. 90807

NAME OF REQUESTOR Leck Greg

AGENCY OR ADDRESS 035033

UNITS OF SERVICE						
INFORMATION SERVICE (Number of replies)		RECORDS FURNISHED (Number of items)	TEXTUAL, STILL PICTURES, ETC. (Number of pages)	MOTION PICTURES (Number of feet)	SOUND RECORDINGS (Number of feet)	
WRITTEN	ORAL					

SOURCE OF REQUEST (Check)

- NA Administrative Use
- Agency of Origin
- Other Government
- Nongovernment

REQUEST HANDLED BY JAY

RG NO.	STACK AREA	ROW	COMPARTMENT	SHELF	OUTCARD NO.
59	250	01	28	08	

RECORD IDENTIFICATION

Entry 199C State Dept Decimal File
Name Index 1940-1944
Pavchinsky, Peter M
Box 943 (please check box label to confirm)

RECEIVED BY	DATE	RETURNED TO	DATE

NATIONAL ARCHIVES AND RECORDS ADMINISTRATION DO NOT REMOVE FROM RECORDS NA FORM 14001 (11-85)

National Archives and Records Administration, College Park, Maryland, USA

Department of State Decimal File. Name Index 1940-1944.

RG 59 250/01/28/08 Box 943

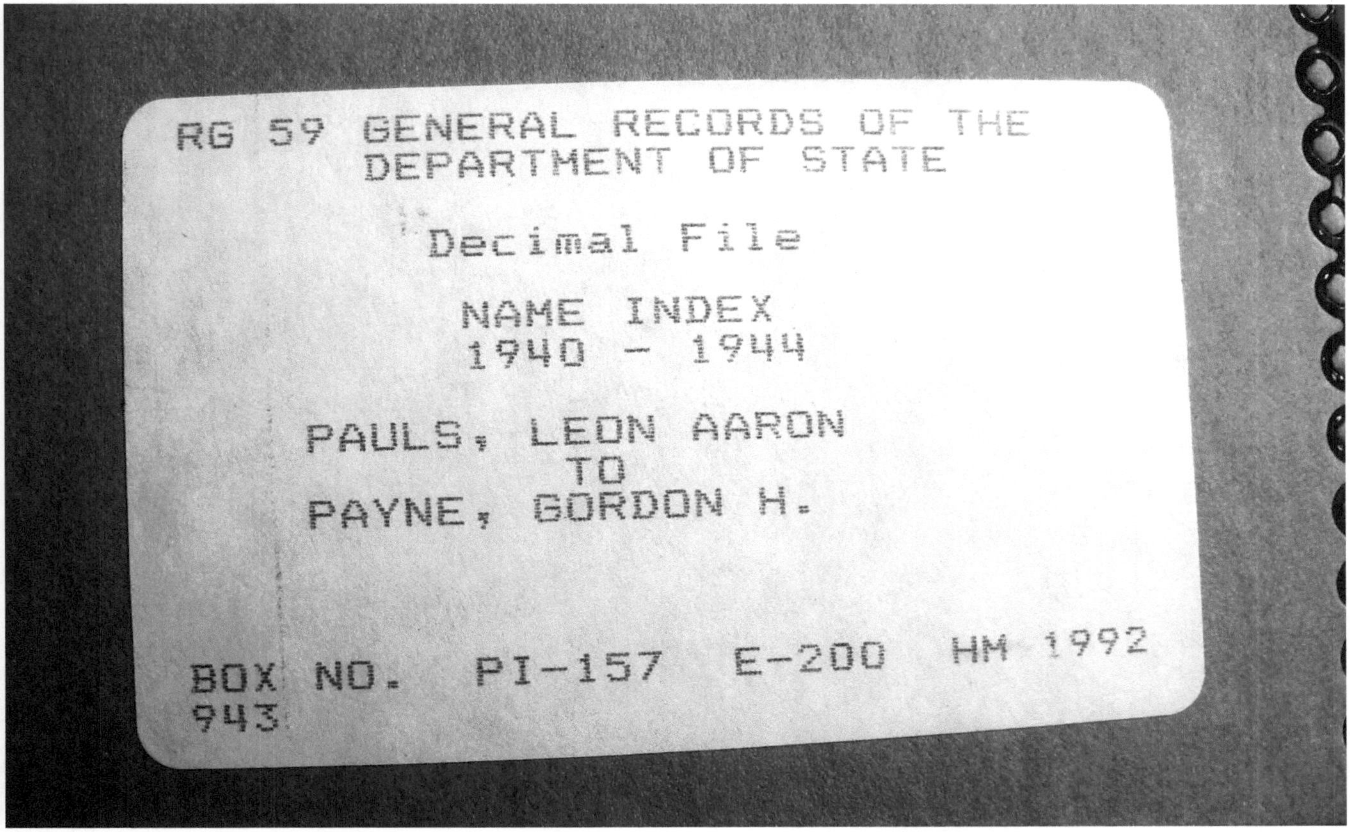

RG 59 GENERAL RECORDS OF THE
DEPARTMENT OF STATE

Decimal File

NAME INDEX
1940 - 1944

PAULS, LEON AARON
TO
PAYNE, GORDON H.

BOX NO. PI-157 E-200 HM 1992
943

Pavchinsky, Margaret   March 28, 1942 133-Pavchinsky,
M. Chicharoff   Peter

Marriage of American citizen at Shanghai, China-

emc

Pavchinsky, Peter March 28, 1942 133-

Marriage of American citizen at Shanghai, China.

emc

Pavchinsky, Michael Oct. 22, 1942 130-

Report of birth of American citizen at Shanghai, China.

emc

Pavchinsky, Peter Mar. 5, 1943 393.113
Pavchinsky,
Peter

Report of the death of -, American Citizen in China.

rmc

Pavchinsky, Peter Feb. 28, 1944 393.113/915

Informs of death of - in China and settlement of estate.

no

REFERENCE SERVICE SLIP

DATE 05/21/10 | NO. 90807

NAME OF REQUESTOR: Leck Greg

AGENCY OR ADDRESS: 035033

UNITS OF SERVICE						
INFORMATION SERVICE (*Number of replies*)		RECORDS FURNISHED (*Number of items*)	TEXTUAL, STILL PICTURES, ETC. (*Number of pages*)	MOTION PICTURES (*Number of feet*)	SOUND RECORDINGS (*Number of feet*)
WRITTEN	ORAL				

SOURCE OF REQUEST (*Check*)

- NA Administrative Use
- Agency of Origin
- Other Government
- Nongovernment

REQUEST HANDLED BY: JAY

RG NO.	STACK AREA	ROW	COMPARTMENT	SHELF	OUTCARD NO.
59	250	02	01	09	

RECORD IDENTIFICATION

Entry: 199 D
State Dept Decimal file
Name Index 1945-1949
Pavchinsky, Peter M
Box 354
[please check box label to confirm]

RECEIVED BY | DATE | RETURNED TO | DATE

NATIONAL ARCHIVES AND RECORDS ADMINISTRATION
DO NOT REMOVE FROM RECORDS
NA FORM 14001 (11-85)

National Archives and Records Administration, College Park, Maryland, USA

Department of State Decimal File. Name Index 1945-1949.

RG 59 250/02/01/09 Box 354

RG 59 GENERAL RECORDS OF THE
DEPARTMENT OF STATE

DECIMAL FILE

NAME INDEX
1945 - 1949

PATTELLI, NICHOLAS
TO
PAYER, EDITH BRANDSTETTER

BOX NO. PI-157 E-200 HM 1992
354

Pavchinsky, P. M. April 26, 1949 893.101
/4-2649

American formerly employed by Shanghai Municipal Council.
See Tel. #752 to Shanghai.

fis

T

Иммиграционные судовые манифесты П.М. Павчинского (1932-1938)

Источник: Ancestry.com. California Passenger and Crew Lists, 1893-1957 [database on-line]. Provo, UT, USA: Ancestry.com Operations Inc, 2008.

Представленные судовые документы показывают, что 4 июля 1932 года П.М. Павчинский прибыл из Шанхая в Лос-Анжелес на судне Chichibo Maru, а 11 апреля 1938 года из Шанхая через Йокогаму - Гонолулу (судно Tatuta Maru) прибыл в Сан-Франциско на судне President Cleveland. Необходимо отметить, что на обе поездки американская виза выдавалась на основании Section 3(2) Immigration act of 1924.

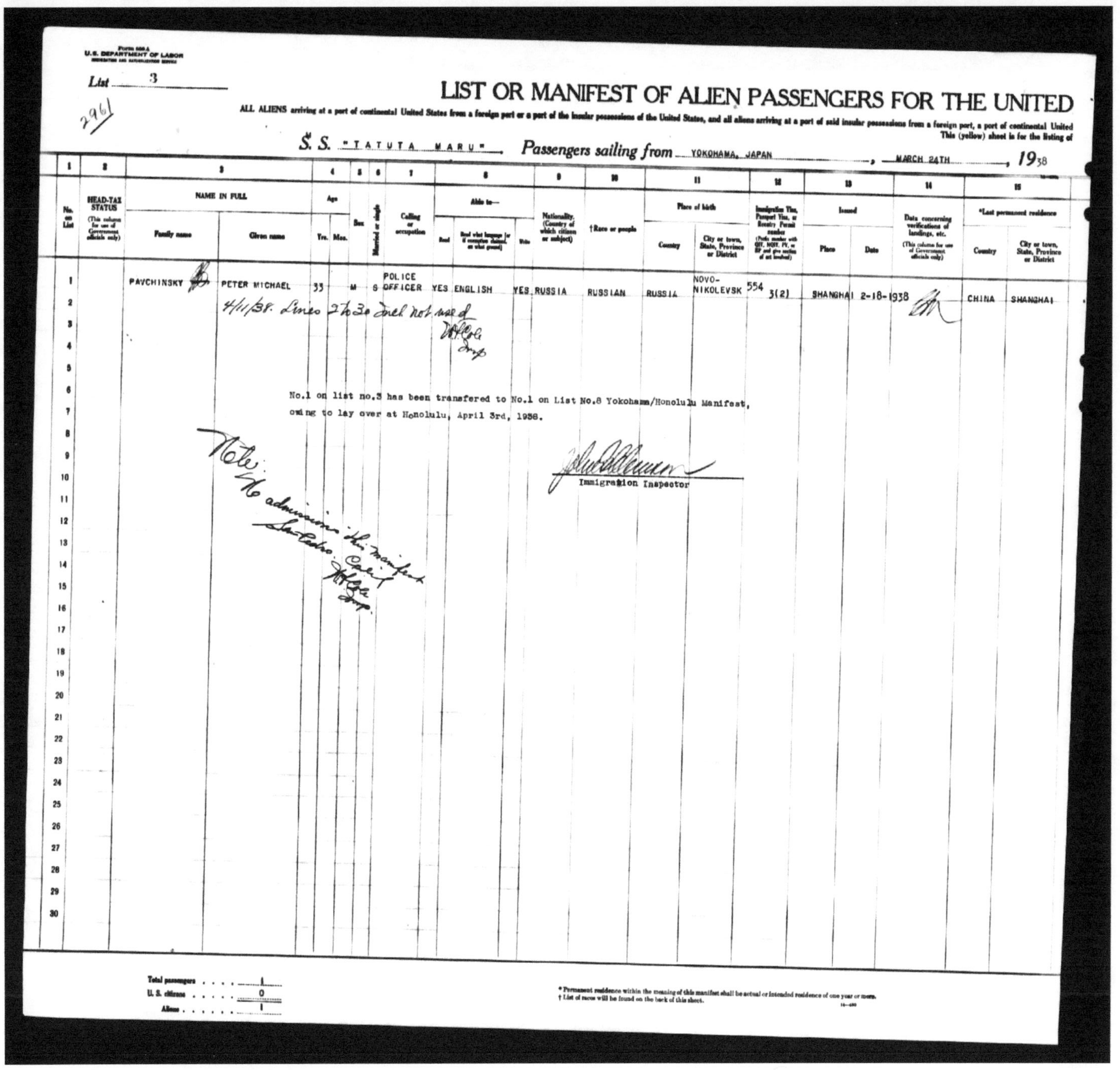

Form 630-A
U.S. DEPARTMENT OF LABOR
IMMIGRATION AND NATURALIZATION SERVICE

List 3

2961

LIST OR MANIFEST OF ALIEN PASSENGERS FOR THE UNITED

ALL ALIENS arriving at a port of continental United States from a foreign port or a port of the insular possessions of the United States, and all aliens arriving at a port of said insular possessions from a foreign port, a port of continental United
This (yellow) sheet is for the listing of

S. S. "TATUTA MARU" Passengers sailing from YOKOHAMA, JAPAN, MARCH 24TH, 1938

1	2	3		4		5	6	7	8			9	10	11		12	13		14	15	
No. on List	HEAD-TAX STATUS (This column for use of Government officials only)	NAME IN FULL		Age		Sex	Married or single	Calling or occupation	Able to—			Nationality. (Country of which citizen or subject)	† Race or people	Place of birth		Immigration Visa, Passport Visa, or Reentry Permit number	Issued		Data concerning verifications of landings, etc. (This column for use of Government officials only)	*Last permanent residence	
		Family name	Given name	Yrs.	Mos.				Read	Read what language [or if exemption claimed, on what ground]	Write			Country	City or town, State, Province or District		Place	Date		Country	City or town, State, Province or District
1		PAVCHINSKY	PETER MICHAEL	33		M	S	POLICE OFFICER	YES	ENGLISH	YES	RUSSIA	RUSSIAN	RUSSIA	NOVO-NIKOLEVSK	554 3(2)	SHANGHAI	2-18-1938		CHINA	SHANGHAI

4/11/38. Lines 2 to 30 incl not used
[illegible]
Insp.

No.1 on list no.3 has been transfered to No.1 on List No.8 Yokohama/Honolulu Manifest, owing to lay over at Honolulu, April 3rd, 1938.

[signature]
Immigration Inspector

Note: No admissions this manifest
San Pedro, Calif.
[illegible]
Insp.

Total passengers 1
U. S. citizens 0
Aliens 1

* Permanent residence within the meaning of this manifest shall be actual or intended residence of one year or more.
† List of races will be found on the back of this sheet.

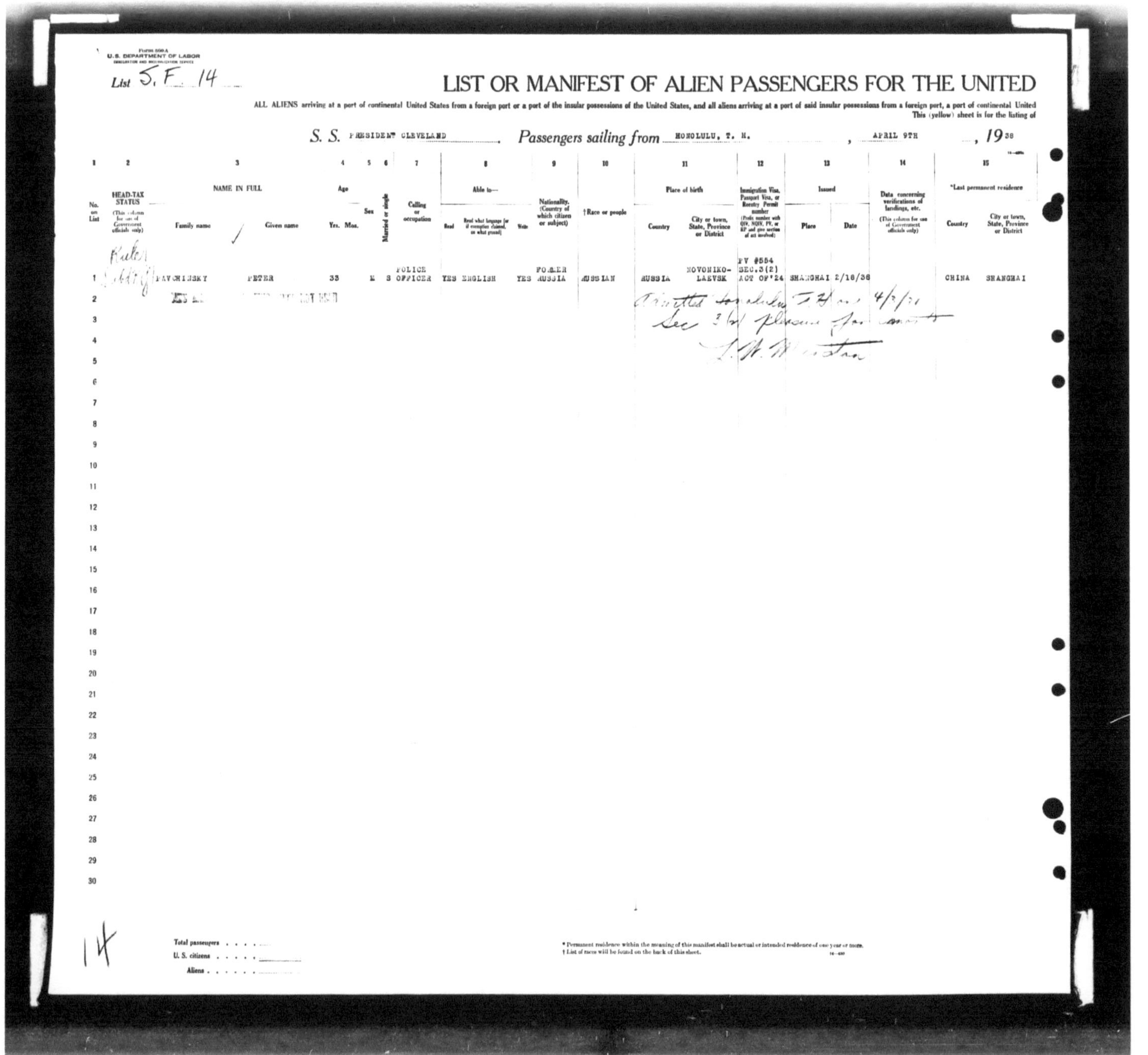

Form 500-A
U.S. DEPARTMENT OF LABOR

List S.F. 14

LIST OR MANIFEST OF ALIEN PASSENGERS FOR THE UNITED

ALL ALIENS arriving at a port of continental United States from a foreign port or a port of the insular possessions of the United States, and all aliens arriving at a port of said insular possessions from a foreign port, a port of continental United
This (yellow) sheet is for the listing of

S. S. PRESIDENT CLEVELAND Passengers sailing from HONOLULU, T. H., APRIL 9TH, 1938

1 No. on List	2 Head-Tax Status (This column for use of Government officials only)	3 Name in Full: Family name	Given name	4 Age: Yrs.	Mos.	5 Sex	6 Married or single	7 Calling or occupation	8 Able to— Read	Read what language (or if exemption claimed, on what ground)	Write	9 Nationality (Country of which citizen or subject)	10 †Race or people	11 Place of birth: Country	City or town, State, Province or District	12 Immigration Visa, Passport Visa, or Reentry Permit number	13 Issued: Place	Date	14 Data concerning verifications of landings, etc. (This column for use of Government officials only)	15 *Last permanent residence: Country	City or town, State, Province or District
1	Ruler [illegible]	PAVCHINSKY	PETER	33		M	S	POLICE OFFICER	YES	ENGLISH	YES	FORMER RUSSIA	RUSSIAN	RUSSIA	NOVONIKOLAEVSK	PV #554 SEC.3(2) ACT OF'24	SHANGHAI	2/18/38		CHINA	SHANGHAI

Admitted Honolulu T.H. on 4/?/?? Sec 3(2) pleasure for ? [illegible]

Total passengers ......
U. S. citizens ......
Aliens ......

14

* Permanent residence within the meaning of this manifest shall be actual or intended residence of one year or more.
† List of races will be found on the back of this sheet.

Form 630A
U. S. DEPARTMENT OF LABOR
IMMIGRATION SERVICE

List 2

LIST OR MANIFEST OF ALIEN PASSENGERS FOR THE UNITED

ALL ALIENS arriving at a port of continental United States from a foreign port or a port of the insular possessions of the United States, and all aliens arriving at a port of said insular possessions from a foreign port, a port of continental United
This (yellow) sheet is for the listing of

S. S. M.S. "CHICHIBU MARU" Passengers sailing from SHANGHAI, CHINA, JUNE 4th., 19 32.

1	2	3		4		5	6	7	8			9	10	11		12	13	14	15	
No. on List	HEAD-TAX STATUS (This column for use of Government officials only)	NAME IN FULL		Age		Sex	Married or single	Calling or occupation	Able to—			Nationality (Country of which citizen or subject)	† Race or people	Place of birth		Immigration Visa Number	Issued at—	Date	* Last permanent residence	
		Family name	Given name	Yrs.	Mos.				Read	Read what language (or, if exemption claimed, on what ground)	Write			Country	City or town				Country	City or town
1	TAX	Neal	Loeta MAY.	33		f	m	~~H.wife~~ NONE	yes	English	yes	~~G.Britain~~ ENGLAND	English	China	Shanghai	3-2 #416	Pleasure Shanghai	3-30-1932	China	Shanghai
2	Under 16	Poignand (Known as Neal)	Margaret LOUISE	14		f	s	None	"	"	"	"	"	"	"	3-2 #[illegible]15	Pleasure Shanghai	5-28-1932	"	"
3	Under 16	Poignand (Known as Neal)	Betty	12		f	s	"	"	"	"	"	"	"	"	3-2 #[illegible]16	Pleasure Shanghai	5-28-1932	"	"
4	T	Pavchinsky	Peter N.	27		m	s	Police-officer	"	Russian English	"	Russia	Russian	Rusia	Novo-Nikolaevsk	3-2 #443	Pleasure Shanghai	4-16-1932	"	"
5	T *	~~Verhovsky~~	~~Sergius A.~~	41		m	m	Police-officer	"	"	"	"	"	"	Samara	3-2#4[illegible]6	Pleasure Shanghai	5-11-1932	"	"
6	T *	Verhovsky	Anna	32		f	m	H.wife	"	"	"	"	"	"	Voladivostock	3-2#4[illegible]6	Pleasure Shanghai	5-11-1932	"	"
7	THIS AND THE FOLLOWING LINES NOT USED																			

*Sheet # 2 ON LIST # 5, 6 TRANSFERRED FROM Los Angeles MANIFEST
SHEET NO. 2 ON LIST # 2,3.

Total passengers 4
U. S. citizens 0
Aliens 4

* Permanent residence within the meaning of this manifest shall be actual or intended residence of one year or more.
† List of races will be found on the back of this sheet.

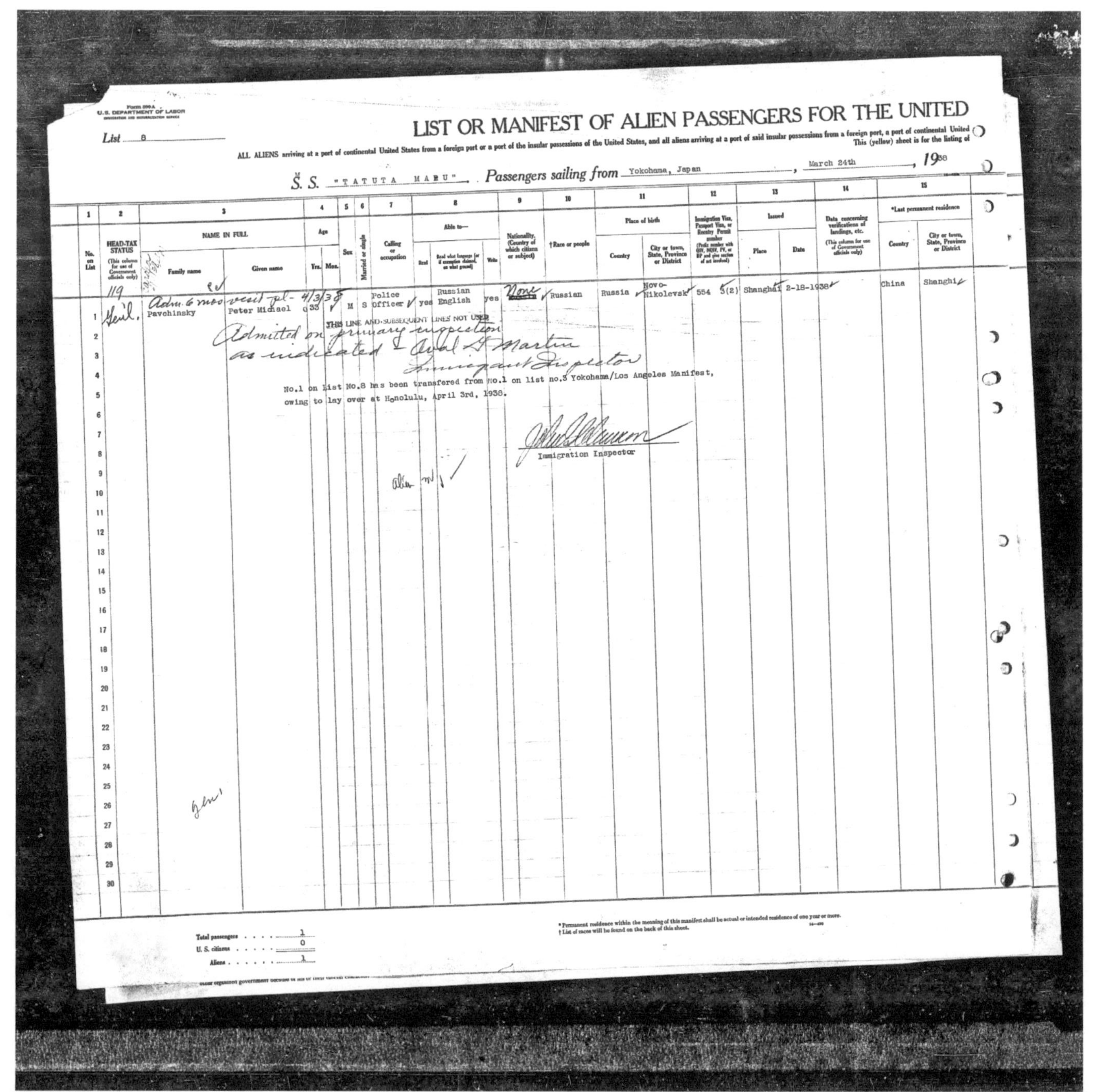

Form 630-A
U.S. DEPARTMENT OF LABOR

List 8

LIST OR MANIFEST OF ALIEN PASSENGERS FOR THE UNITED

ALL ALIENS arriving at a port of continental United States from a foreign port or a port of the insular possessions of the United States, and all aliens arriving at a port of said insular possessions from a foreign port, a port of continental United This (yellow) sheet is for the listing of

S. S. "TATUTA MARU" Passengers sailing from Yokohama, Japan, March 24th, 1938

No. on List	Head-tax status	Family name	Given name	Age Yrs.	Sex	Married or single	Calling or occupation	Read	Read what language	Write	Nationality	Race or people	Country of birth	City or town of birth	Immigration Visa, Passport Visa, or Reentry Permit number	Issued Place	Issued Date	Data concerning verifications of landings, etc.	Last permanent residence: Country	City or town
1	Genl.	Pavchinsky	Peter Michael	33	M	S	Police Officer	yes	Russian English	yes	None	Russian	Russia	Novo-Nikolevsk	554 5(2)	Shanghai	2-18-1938		China	Shanghai

119 Adm. 6 mos visit pl. 4/3/38

THIS LINE AND SUBSEQUENT LINES NOT USED

Admitted on primary inspection as indicated [signature] Martin Immigrant Inspector

No.1 on List No.8 has been transfered from No.1 on list no.3 Yokohama/Los Angeles Manifest, owing to lay over at Honolulu, April 3rd, 1938.

[signature] Immigration Inspector

Total passengers 1
U. S. citizens 0
Aliens 1

* Permanent residence within the meaning of this manifest shall be actual or intended residence of one year or more.
† List of races will be found on the back of this sheet.

Документы о получении американского гражданства, предоставленные по запросу Государственным Департаментом США (1938-1943)

Department of State
Passport Services
Research and Liaison Section
Room 500
1111 19th Street, N.W.
Washington, DC 20524-1705
(202) 955-0447

I would like to obtain the copy of the passport records of the person born more than 100 years ago for the genealogical research.

I require the passport records of

> Mr Peter (Petr) M. (Michael/Mikhail/Mikhailovich) PAVCHINSKY
> (spelling variations: Pafchinsky, Povchinsky, Pofchinsky)
>
> D.O.B.:
>
> Place of Birth: Novo-Nikolaevsk (a.k.a Novonikolaevsk, currently known as Novosibirsk), Russia

I believe the passport might have been issued between Jan 1931- Feb 1943, later being the month and year of death.

The place of death was Shanghai, China.

The person traveled several times between Shanghai, China and California during the time period above. There is a possibility the passport validity might have been extended by the Shanghai US consulate in the abovementionned dates.

My (requestor's) personal details are as follows:

Reason for the request: Genealogical research

As requested, I include a copy of requestor's valid photo identification and a $60 search fee payable to the "Department of State".

На наш запрос (полный текст приводится на предидущей стр.) были представлены следующие документы (см. ниже):

- Заявление на выдачу паспорта США от 27 мая 1938 года;
- Заявление о регистрации гражданина США в генеральном консульстве США в Шанхае от 12 октября 1938 года;
- Заявление о продлении паспорта от 27 мая 1938 года
- Заявление о регистрации гражданина США в генеральном консульстве США в Шанхае от 27 ноября 1940 года;
- Заявление о регистрации гражданина США в генеральном консульстве США в Шанхае от 22 марта 1941 года;
- Телеграмма в Государственный департамент касательно смерти в результате самоубийства 28 февраля 1943 года.

United States Department of State
Washington, D.C. 20520

MAY 20 2010

In reply refer to:
CA/PPT/L/LE – PAVCHINSKY, Peter Michael
Also Known As PAVCHINSKY, Peter M.
Case Officer: CAViergutz

Mr. Kirill Chashchin
P.O. Box 96503 #36982
Washington, DC 20090-6503

Dear Mr. Chashchin:

I am responding to your letter of April 16, 2010, requesting the release of information from the passport record of Peter Michael Pavchinsky.

We conducted a search of our records and were able to locate six documents that appear relevant to your request. Enclosed please find copies of the following:

- Application for United States passport #36242 issued to Peter Michael Pavchinsky **[Deceased]** on May 27, 1938, at the San Francisco Passport Agency. **[Released in Part - Pursuant to the Freedom of Information Act, subsection (b)(6). We have redacted material, the release of which, would constitute a clearly unwarranted invasion of personal privacy of a third party.]**

- Application for United States registration issued to Peter M. Pavchinsky **[Deceased]** on October 12, 1938, at the American Consulate General in Shanghai, China. **[Released in Part - Pursuant to the Freedom of Information Act, subsection (b)(6). We have redacted material, the release of which, would constitute a clearly unwarranted invasion of personal privacy of a third party, namely the passport acceptance or adjudication clerk.]**

- 2 -

- Application for renewal of United States passport #36242 issued to Peter M. Pavchinsky **[Deceased]** on May 27, 1938, at the San Francisco Passport Agency, renewed on March 20, 1941, for two years, at the American Consulate General in Shanghai, China. **[Released in Part - Pursuant to the Freedom of Information Act, subsection (b)(6). We have redacted material, the release of which, would constitute a clearly unwarranted invasion of personal privacy of a third party, namely the passport acceptance or adjudication clerk.]**

- Application for United States registration issued to Peter M. Pavchinsky **[Deceased]** on November 27, 1940, at the American Consulate General in Shanghai, China. **[Released in Part - Pursuant to the Freedom of Information Act, subsection (b)(6). We have redacted material, the release of which, would constitute a clearly unwarranted invasion of personal privacy of a third party, namely the passport acceptance or adjudication clerk.]**

- Application for United States registration/passport #637 issued to Peter Michael Pavchinsky **[Deceased]** on March 22, 1941, at the American Consulate General in Shanghai, China. **[Released in Part - Pursuant to the Freedom of Information Act, subsection (b)(6). We have redacted material, the release of which, would constitute a clearly unwarranted invasion of personal privacy of a third party, namely the passport acceptance or adjudication clerk.]**

- Telegram to the Department of State dated April 6, 1943, relating information that Peter M. Pavchinsky **[Deceased]** committed suicide on February 28, 1943, at Poo Tung Camp. **[Released in Part - Pursuant to the Freedom of Information Act, subsection (b)(6). We have redacted material, the release of which, would constitute a clearly unwarranted invasion of personal privacy of a third party, namely the passport acceptance or adjudication clerk.]**

We excised information under subsection (b)(6) of the Freedom of Information Act (5 U.S.C. § 552) which exempts materials that would constitute a clearly unwarranted invasion of the personal privacy of a third party.

- 3 -

You may overcome the Freedom of Information Act restrictions by providing a court order signed by a United States Federal judge of competent jurisdiction. If you are unable to provide this item but feel you are entitled to this information, please provide this office with your justification for having access to the excised information.

Our records verify Peter Michael Pavchinsky **[Deceased]** was born in California on February 2, 1905. Mr. Pavchinsky's United States citizenship and date of birth are, therefore, a matter of record with the Department of State.

A certified copy of this passport record is available upon a written request and submission of the $30.00 certification fee. Each additional copy is $20.00. Payment in the form of a U.S. bank check or money order made payable to the Department of State should accompany your request.

I hope the enclosed documentation will be of assistance to you. If we can be of further assistance, please let us know.

Sincerely,

Marionette Pleasant
Team Leader, Law Enforcement Liaison Division
Office of Legal Affairs
Passport Services

Enclosures:
As stated

DECEASED

The legal fee for a passport is nine dollars, in currency or postal money order, and one dollar for execution of application. The total fee is $10.00. It is unnecessary to pay any other fee to any person in connection with the filling out or execution of this application or for obtaining the passport. All necessary information and guidance will be given applicant by the clerk of court or Passport Agent before whom this application must be executed.

PASSPORT APPLICATION SAN FRANCISCO SERIES

FORM FOR NATIVE CITIZEN
[EDITION OF 1937]

Execute and attach PART TWO if members of family are to be included in passport

No. 36242
Dated MAY 27 1938
issued by San Francisco Agency upon authority contained in Department's telegram dated; MAY 27 1938

130

UNITED STATES OF AMERICA
STATE OF CALIFORNIA } ss:
COUNTY OF SAN FRANCISCO

I, PETER M. PAVCHINSKY (Name in full), a CITIZEN OF THE UNITED STATES, do hereby apply to the Department of State, at Washington, for a passport. I solemnly swear that I was born at San Francisco (Town or city), San Francisco (Province or county), California (State or country), on February 2, 1905 (Date)

My father, Michael Pavchinsky (Name), was born at Russia on ..., and is now ~~residing at~~ deceased

I am not ~~domiciled in~~ the United States, my permanent residence being at Shanghai Municipal Police (Street address) in Shanghai (Town or city), State of China

I {~~have~~ have not} been naturalized as a citizen of a foreign State. I {~~have~~ have not} taken an oath of allegiance to a foreign State.
(If applicant took an oath of allegiance to, or was naturalized in a foreign State, a supplementary statement, under oath, should be attached)

PAVCHINSKY, PETER MICHAEL
(Surname) (First name) (Middle name)
(To be printed in full by applicant for passport)

THIS PORTION TO BE FILLED IN BY AN APPLICANT WHO WAS BORN ABROAD, OR WHOSE FATHER WAS BORN ABROAD
(See footnote at bottom of page 3)

I have resided outside the United States as follows:
(State name of, and period of residence in, each foreign country)

Russia, from 1906 to 1922
China (Name of countries), from 1922 to 1938 (from 1927 to date in Police Dept. at Shanghai)

(This portion to be filled in only by a person whose father was not born in the United States)

My father emigrated to the United States on or about 1903 (Month), 1... (Year), resided 2 years continuously in the United States from 1903 to 1903, and was naturalized as a citizen of the United States before the ... Court of ... (City) ... (State) on ... (Month and day), 1... (Year)

WAS NOT A CITIZEN

OFFICIAL BIRTH CERTIFICATE
Court order issued Superior Court of California, San Francisco in which fact of birth is established 11105 Feb 11 at San Francisco Date of order May 24, 1938. Order #97097

A WOMAN APPLICANT MUST FILL IN THIS PORTION

I was {never married, last married} on ... to ... who was born at ... on ..., who {is, is not} an American citizen, and who is now residing at ...

My maiden name was ... (Name), and was not previously married.
I was previously married on ... (Important: Date of each previous marriage must be given)
I was formerly married to ... (Full name of former husband) ..., at ... (City and State), who was born ..., and the marriage was terminated by {death, divorce} on ... (Date)
(If previously married more than once, set forth facts in a supplemental statement.)

My {husband, former husband} emigrated to the United States on ...
and {his father, he} ... (Name of father) } was naturalized as a citizen of the United States before the ... Court of ... at ... (City and State) on ... (Month, day, and year) as shown by the Certificate of Naturalization {submitted herewith. previously submitted.

I intend to leave the United States from the port of San Francisco, California (Port of departure) on June 22nd (Date of departure), 1938, sailing on board the Chichibu Maru (Name of ship)

PASSPORT FEE REC'D JUN - 1 1938

NOTE.—Any additional information necessary to clarify the citizenship status of applicant may be incorporated in a supplemental affidavit which will be considered a part of this application.

$10 fee received by ... [OVER] 1—1477

101564

DECEASED

DECEASED

My last passport was obtained from Shanghai, China (Insert Washington, or location of office abroad) on January 12, 1938 (Date)

and is submitted herewith for cancelation .... (Give disposition of passport if it cannot be submitted)

I intend to visit the following countries for the purposes indicated:

Shanghai (Names of countries to be visited) — Employed as Inspector of Police (Purposes of visits)

and I intend to return to the United States within on my vacations {months. years.

Passport No. .... issued at Washington on ....

Seen and (had been) canceled

DESCRIPTION AND PHOTOGRAPH OF APPLICANT

Height 5 feet, 10 inches.

Hair Brown

Eyes Brown

Distinguishing marks or features .... (Note any marks or scars on hands or face by which applicant may be identified)

Place of birth San Francisco, California (City and State)

Date of birth February 2, 1905 (Month, day, and year)

Occupation Inspector of Police, International Settlement.

ADDRESS

I request that my passport be mailed to the following address:

[NOTE.—A passport will not be mailed to a hotel address unless the hotel is the applicant's place of permanent residence.]

Name Peter M. Pavchinsky

Number and street 1500 Steiner Street

City and State San Francisco, California

I solemnly swear that the statements made on both sides of this application are true and that the photograph attached hereto is a likeness of me.

OATH OF ALLEGIANCE

Further, I do solemnly swear that I will support and defend the Constitution of the United States against all enemies, foreign and domestic; that I will bear true faith and allegiance to the same; and that I take this obligation freely, without any mental reservation or purpose of evasion: So help me God.

(Signature of applicant)

[SEAL OF PASSPORT AGENCY]

Sworn to before me this .... day of MAY 26 1938, 19....

(b)(6)

Agent of the Department of State.

AFFIDAVIT OF IDENTIFYING WITNESS

I, the undersigned, solemnly swear that I am a citizen of the United States; that I reside at the address written below my signature hereto affixed; that I know the applicant who executed the affidavit herein before set forth to be a citizen of the United States; that the statements made in the applicant's affidavit are true to the best of my knowledge and belief; further, I solemnly swear that I have known the applicant personally for Twenty years.

If witness has been issued a passport, give number if known and date or approximate date of issue.

No. .... **Date of issue** ....

No lawyer or other person will be accepted as witness to a passport application if he has received or expects to receive a fee for his services in connection with the execution of the application or obtaining the passport.

(b)(6)

(Residence address of witness)

S.F.

[SEAL OF PASSPORT AGENCY]

Sworn to before me this .... day of MAY 26 1938, 19....

(b)(6)

Agent of the Department of State.

Signatures should not be affixed until requested by an appropriate official of the Passport Agency.

(witness presents Natl.Cert. bearing his foto)

NOTE.—If applicant was born outside the United States on or after May 24, 1934, of an alien father and an American mother, a supplemental affidavit will be required giving the name and date and place of birth of mother as well as complete data concerning how and on what date she acquired American citizenship.

U. S. GOVERNMENT PRINTING OFFICE 1—1477

DECEASED

DECEASED

May 26,1938.

I make following sworn statement:

My name is Peter Michael Pavchinsky. I am a resident of the International Settlement of Shanghai, China. for the last 16 years. and for the last 11 years I am employed by the Shanghai Municipal Police, where I am in the rank of Inspector at present. I came to U.S.A. especially to establish my birth in the city of San-Francisco and I am going to return to my occupation in Shanghai.

P. Pavchinsky

26·5·38.

Sworn to before me this
26th day of May 1938:

(b)(6)

ASST. PASSPORT AGENT

(also seen & returned):

Official Card of Shanghai Municipal Police (warrant card) bears applicant's photo and Foreign Settlement of Shanghai stamp.

DECEASED

Form No. 177—Foreign Service
Established May 1928
Corrected January 1935
(See Note 8, Sec. 178, C. R.)

DECEASED

REGISTRATION APPROVED
Date Oct. 12, 1938
Valid to Oct. 12, 1940
(b)(6)

APPLICATION FOR REGISTRATION

(For use by person whose status as a citizen has been approved by the Department of State at Washington)

PAVCHINSKY, PETER MICHAEL

I, Peter M. Pavchinsky (Name in Full) was born at San Francisco (Place), California (State), on February 2, 1905 (Date) (I—My husband—My father— (Strike out words not applicable) My mother—was naturalized as a citizen of the United States on .... before the .... Court of .... at .... (City), ... (State)) I have resided outside of the United States since July 5, 1938 at Shanghai, China, for the purpose of Shanghai Municipal Police (Give name and address of local organization); my legal residence in the United States is at San Francisco, California; my occupation is that of Inspector of Police, International Settlement; I intend to return to the United States within Five years (Period) to reside ~~permanently.~~ temporarily.

My husband, wife, ..., to whom I was married on ...., was born at ...., on .... He/She is not an American citizen. acquired American citizenship by ....

I have the following minor children:

(Name)	(Place of birth)	(Date of birth)	(Residence)

I desire my registration to include the following members of my family: ....

In event of death or accident notify:

Commissioner of Police (Name) (None) Relationship Shanghai, China (Address)

P. Pavchinsky
Peter M. Pavchinsky (Applicant)
c/o Shanghai Municipal Police
Shanghai, China (Residence Address)

Evidence of citizenship submitted: Departmental Passport No.36242 issued on May 27, 1938 to Peter M. Pavchinsky; seen and returned to applicant. (To be filled in by Consul)

6241

(b)(6) ...sul

NO FEE. Shanghai, China (Place) October 12, 1938. (Date)

U. S. GOVERNMENT PRINTING OFFICE 1—1249

DECEASED

DECEASED

Form No. 299—Consular
(Revised May, 1932)

file
vel
5/13/41

130

APPLICATION FOR RENEWAL OF PASSPORT

***CAUTION.*—Extension of expressly limited passports must be applied for on Form 219**

In conformity with the rules and regulations prescribed by the President and the Secretary of State pursuant to law, I, the undersigned, hereby apply for a renewal of the period of validity of my passport, the number and date of which appear herein.

RENEWAL SERIES No. 331

Passport No. 36242

Passport Serial No. ---

Issued on May 27, 1938 (Date) *at* Department (Place)

PAVCHINSKY, (Surname) PETER (Given name) MICHAEL (Middle name)

I, Peter M. Pavchinsky (Name), a {naturalized / native} American citizen, was {never married / married on}

(To be filled in by women only)

My husband is a {naturalized / native / an alien, a citizen of ______ (Name of country)} American citizen

My legal residence is ______ (Street address), ______ (City), ______ (State)

I represent the Inspector of Police, International Settlement, Shanghai. (Name of person or organization)

The part in this block is to be filled in by all persons who have acquired citizenship through naturalization.

Since my present passport was issued, I have resided outside the United States at the following places for the periods stated:

______ from ______ to ______

______ from ______ to ______

______ from ______ to ______

The purposes of my visits to the foregoing countries were:

(Give reason or reasons for stay in each country named)

1941 APR PM 1 30 DIVISION OF COMMUNICATIONS

Peter Michael Pavchinsky
(Signature of applicant)

(Foreign address)

I CERTIFY that the person to whom the above passport was issued appeared before me in person and swore to and signed the above application on the 20th day of March, 1941.

(b)(6)

AMERICAN VICE CONSUL
(Title)

(Renewing office)

Fee $5.00

[SEAL]

FEE No. 3487

(OVER)

1—1359

DECEASED

DECEASED

MAR 21 1941

CERTIFICATE OF ACTION TAKEN

MAR 20 1941

I HEREBY CERTIFY that the above passport was on .... (Date)

renewed for.............. months.
renewed for two years. √
referred to the Department for consideration and decision together with a Form 213.
taken up.

[SEAL]

(b)(6)
AMERICAN VICE CONSUL
(Title)

(After application has been submitted to Department and instruction in reply received)

I HEREBY CERTIFY that the above passport was on .... (Date)

renewed for .... months.
renewed for two years.
refused renewal and passport taken up.

Authority..............

.... (Signature)

[SEAL]

.... (Title)

Notarial Service No. ....

In duplicate, but when the application is to be referred to the Department for consideration, it should be taken in triplicate. After the Department's decision is reported to the consular office, the triplicate copy should be filled in with the final action taken and forwarded to the Department, the duplicate copy on file in the office being amended accordingly.

U. S. GOVERNMENT PRINTING OFFICE 1—1359

DECEASED

Form No. 177—Foreign Service
Established May 1928
Corrected August 1938
(See F. S. R., Part II, Chap. X-173, Note 8)

DECEASED

REGISTRATION APPROVED
Date NOV 27 1940
Valid to NOV 27 1942
(b)(6)

APPLICATION FOR REGISTRATION

(For use by person whose status as a citizen has been approved by the Department of State at Washington)

I, Peter M. Pavchinsky, was born at San Francisco (Place), Calif. (State), on 2nd February 1905 (Date); I was naturalized as a citizen of the United States before the ______ Court of ______ at ______ on ______; I have resided outside the United States since 8th July 1938 (Give names of countries and periods of residence in each) for the purpose of employement in the Shanghai Municipal Police; my legal residence in the United States is at San Francisco, Calif.; my occupation is that of Police Sub-Inspector; I intend to return to the United States within 4 years to reside {permanently. / temporarily.} I {~~have~~ / have not} been naturalized as a citizen of a foreign state. I {~~have~~ / have not} taken an oath of allegiance to a foreign state.

My husband—father—mother was naturalized as a citizen of the United States before the ______ Court of ______ at ______ on ______

My {husband, / wife,} ______, to whom I was married on ______, was born at ______, on ______ He / She {is not an American citizen. / acquired American citizenship by ______}

1941 JAN 23 PM

I have the following minor children:

(Name)	(Place of birth)	(Date of birth)	(Residence)

I desire my registration to include the following members of my family: RESIDING IN SHANGHAI CONSULAR DISTRICT

In the event of death or accident notify:

______ (Name) Commissioner of Police Shanghai (Address)

Relationship ______ Peter M. Pavchinsky (Signature of applicant) (Name in Full)

Hongkew Police Station, Minghong Road Tel. 42242 (Address)
RESIDENCE ADDRESS AND TELEPHONE NUMBER

Evidence of citizenship submitted: Previously registered at this office October 12, 1938

(b)(6)
(Signature of Consular officer)
AMERICAN VICE CONSUL

NO FEE. SHANGHAI CHINA (Place) NOV 27 1940 (Date)

CHINESE NAME

U. S. GOVERNMENT PRINTING OFFICE 1—1240

FEE No. 9409

DECEASED

PAVCHINSKY, PETER MICHAEL

Form No. 176
Revised Jan. 1939

APPLICATION ... OF PASSPORT
DECEASED
Form 213 accompanies this application

Application for Passport
Application for Registration
(Indicate plainly which is desired)
[FORM FOR NATIVE CITIZEN]

Issue
REGISTRATION APPROVED
Date Mar. 22, 1941.
Expires (b)(6)
Vice Consul
Place Shanghai, China

PASSPORT ISSUED
Date Mar. 22, 1941.
No. 637
Expires May 27, 1942.
(b)(6) Consul General.
Place Shanghai, China

130

PAVCHINSKY, PETER MICHAEL
(Surname) (First name) (Middle name)
(Print name in FULL when application is made)

I, Peter Michael Pavchinsky (Name in full), a NATIVE citizen of the United States, solemnly swear that I was born at San Francisco (City or town), California (State or country), on Feb. 2, 1905 (Date); that I am now residing at 290 Thorn Road, Shanghai (Give present address in full); that I resided continuously in the United States from 1905 to 1906, at various places (City and State), and that I have resided outside the United States as follows:

(State name of, and period of residence in, each foreign country)

Russia, from 1906 to 1922
China (Names of countries), from 1922 to date

My legal residence is at San Francisco, California

and I intend to return to the United States to reside permanently, xxx upon completion of contract with SMP {months. years.

*I was {never married. xxxxxxxxx} ... to ..., who was born at ... on ...; who {is / is not} an American citizen, and who is now residing at ...

My father, Michael Pavchinsky (Name in full), was born at unknown (City or town), Russia (State or country), on unknown and is now residing at unknown

My mother, Maria Pavchinsky (Maiden name), was born at unknown (City or town), Russia (State or country), on unknown and is now residing at unknown

(IF EITHER PARENT WAS BORN OUTSIDE THE UNITED STATES, FILL IN THIS PORTION)

My father emigrated to the United States on or about ..., 1...; resided continuously in the United States from 1... to 1..., at ..., and was naturalized as a citizen of the United States before the ... (Name of court) Court of ... at ... (City and State) on ... (Month) ... (Day), 1... (Year)

My mother emigrated to the United States on or about ..., 1..., resided continuously in the United States from 1... to 1..., at ..., and was naturalized as a citizen of the United States before the ... (Name of court) Court of ... at ... (City and State) on ... (Month) ... (Day), 1... (Year)

I request the inclusion of my wife ... (Name in full);
She acquired citizenship through ...

I request the inclusion of my minor children as follows:

..., born at ... on ..., 1...
(Name in full) (Place and State or country) (Date)
..., born at ... on ..., 1...
..., born at ... on ..., 1...

I {have / have not} been naturalized as a citizen of a foreign state. I {have / have not} taken an oath of allegiance to a foreign state.
(If applicant took an oath of allegiance to, or was naturalized in a foreign state, a supplementary statement, under oath, should be attached)

*A woman applicant who has been married more than once should give name and place of birth of each husband, date of each marriage, and date of termination of previous marriage(s) through death or divorce. This and any other information ... the citizenship status of the applicant should be set forth in a separate affidavit which will be considered a part of this application.

DECEASED

U. S. GOVERNMENT PRINTING OFFICE 1—1157

DECEASED

I solemnly swear that the statements made on pages 1 and 2 are true, and that the photograph attached is a likeness of me.

OATH OF ALLEGIANCE

Further, I do solemnly swear that I will support and defend the Constitution of the United States against all enemies, foreign and domestic; that I will bear true faith and allegiance to the same; and that I take this obligation freely, without any mental reservation or purpose of evasion: So help me God.

Peter Michael Pavchinsky
(Signature in full of applicant)

[SEAL]

Fee for passport, $9.00.
Fee for administering oath and preparing passport application, $1.00.
No fee for registration.

Service No. 3529-30

Affix canceled one dollar fee stamp here.

SUBSCRIBED AND SWORN to before me this 15th day of March, 1941

(b)(6)

Vice Consul of the United States at Shanghai

P. Pavchinsky

DESCRIPTION OF APPLICANT

Height: 5 feet 10 inches.
Hair Brown Eyes Brown
Distinguishing marks or features none
Place of birth San Francisco, California
Date of birth February 2, 1905
Occupation Inspector of Police, International Settlement, Shanghai

EVIDENCE OF CITIZENSHIP AND IDENTIFYING DOCUMENTS

Passport No. 36242 issued on May 27, 1938
by Department of State
{ to applicant,
{ xx
(State name and relationship)
} SUBMITTED.

State disposition of passport
Canceled and retained

Other evidence of citizenship and identifying documents submitted, as specified below: (Indicate whether sent to the Department, retained in files of office, or returned to applicant.)

The following should be filled in if this application is for a PASSPORT:

Countries to be visited: China
Purpose of visit: business
Port of departure:
Date of departure:
Name of ship:
Is the ship of an American line? ("Yes" or "No")

REFERENCES

(Name) (Address)

(See chap. X-156, note 1, part II, F. S. R.)

AFFIDAVIT OF IDENTIFYING WITNESS

I, the undersigned, solemnly swear that I am a citizen of the United States; that I reside at the address written below my signature hereto affixed; that I know the applicant who executed the affidavit hereinbefore set forth to be the person he represents himself to be, and that he is a citizen of the United States; that the statements made in the applicant's affidavit are true to the best of my knowledge and belief; further, I solemnly swear that I have known the applicant personally for .... years.

(Signature of witness)

(Residence address of witness)

[SEAL]

SUBSCRIBED AND SWORN to before me this .... day of ...., 1........

If no American citizen is available, an alien known to the consulate may execute the affidavit.

Consul .... of the United States of America at ....

The applicant requests that the following person be notified in the event of his death or disability:

Commissioner of S.M.Police, Shanghai, China.
(Name) (Address)

Additional data: Location of real and personal property, nature and place of investments, location of will, et cetera. (It is entirely optional with the applicant to give this information.)

Registration {approved / disapproved} by the Department of State on .... (Date)

Certificate of registration issued to the applicant on ....

(Initials of consular officer)

The Department will assume that the consular officer forwarding the application to the Department for authorization for issue of passport is *fully* satisfied as to the applicant's identity, unless a notation to the contrary appears hereunder. (See chap. X-156, note 1, part II, F. S. R.)

REMARKS

1—1157

DECEASED

Passport
Form 213 accompanies this application.

DECEASED

Form No. 213—Foreign Service
(Corrected June 1934)

AFFIDAVIT BY NATIVE AMERICAN TO EXPLAIN PROTRACTED FOREIGN RESIDENCE

~~AFFIDAVIT BY NATURALIZED AMERICAN TO OVERCOME PRESUMPTION OF NONCITIZENSHIP~~

In all cases where the presumption of expatriation has arisen or is about to arise, this form must be made out and accompany the application, whether for a passport, registration, renewal, or extension. It is to be used in all cases where passports are applied for under rule (*g*) [sec. 150, note 18]. It must always accompany applications for extension of passports which have been expressly limited in validity [sec. 169, note 3]. *In cases of naturalized citizens the exact periods and places of foreign residence since naturalization should be stated.*

I, Peter Michael Pavchinsky, a {native / ~~naturalized~~} American citizen, born at San Francisco (City), California (Country), do solemnly swear that I ceased to reside in the United States on or about 1906; that I have since resided at Russia from 1906-1922 and China from 1922-1941 (Countries); and that I arrived in Shanghai, China (City and country), where I am now {~~permanently~~ / temporarily} residing, on 1922, my reasons for such foreign residence being as follows:[1] I resided in Russia with my parents where I was studying. In Shanghai I was in school from 1922 to 1925. In 1927 I joined the Shanghai Municipal Police, which is under the Shanghai Municipal Council. I have been with the Shanghai Municipal Police ever since.

Since establishing a residence abroad I have made the following visits to the United States:

From June, 1932, to Sept., 1932 From ..., 19..., to ..., 19...

From ~~June~~ May, 1938, to Aug., 1938 From ..., 19..., to ..., 19...

I have {never / not since my naturalization as an American citizen} been naturalized, taken an oath of allegiance, or voted as a foreign citizen or subject, or in any way held myself out as such.

I maintain the following ties of family, business, and property with the United States: none

I {~~do~~ / do not} pay the American Income Tax at ...

I intend to return to the United States permanently to reside ~~within~~ ... {~~months~~ / ~~years~~} or when[2] I finish my work with the Shanghai Municipal Council.

Peter Michael Pavchinsky
(Signature of applicant)

AMERICAN CONSULAR SERVICE AT Shanghai, China.

Sworn to before me this 20th day of March, 1941.
(Date)

[SEAL]
(No fee prescribed)

FEE No. 3531

(b)(6)

Vice Consul of the United States of America.

(SEE INSTRUCTIONS PRINTED ON REVERSE SIDE)

[1] Executing officer will indicate whether this is the applicant's independent statement. If not, officer should state extent to which he has prompted affiant and *reasons therefor*. Officer should also state whether or not affiant's statement has been translated from a foreign language.

[2] This statement should be as clear and definite as possible.

1—170

DECEASED

DECEASED

OPINION OF OFFICER TAKING AFFIDAVIT

The officer before whom the affidavit is made should see that the pertinent facts and circumstances regarding the applicant's residence abroad are fully and correctly set forth in the affidavit and application. If, for any reason, they are not so stated the officer should complete them in the space below, adding such comment or opinion as is appropriate. He should state whether the facts recited constitute the true reason for such residence, and whether they are sufficient under the established rules to entitle him to protection as an American citizen. He should also definitely state his opinion, in the case of a native citizen, whether the applicant has SATISFACTORILY EXPLAINED HIS PROTRACTED FOREIGN RESIDENCE, and in the case of a naturalized citizen whether HE IS IN A POSITION TO OVERCOME THE PRESUMPTION THAT HE HAS CEASED TO BE AN AMERICAN CITIZEN. (Sec. 144B and notes 3 to 6; sec. 155, note 15.) He should sign his name and add his title below the statement of his opinion.

AMERICAN CONSULATE GENERAL
Shanghai, March 20, 1941.

In my opinion the applicant is in a position to explain his protracted foreign residence, as he is employed by the Shanghai Municipal Police which is under the Shanghai Municipal Council, which would appear to be classifiable as an international agency of an official character in which the United States participates.

(b)(6)
American Vice Consul

1941 MAY 22 PM 2 22
RECEIVED

INSTRUCTIONS.—As many copies of this form should be made out as of the application for registration or for passport which it accompanies, and should be firmly attached thereto.

1—170 U.S. GOVERNMENT PRINTING OFFICE

DECEASED

DECEASED

BJR
This telegram must be
closely paraphrased be-
fore being communicated
to anyone. (C)

Bern

Dated April 6, 1943

Rec'd 5:20 p.m.

Secretary of State,

Washington.

2157, April 6, 5 p.m.

American Intersts China.

Department's 664, March 18.

Swiss Consulate, Shanghai, telegraphs,

"To present those interned Shanghai and vicinity four British died illness. Peter M. Pavchinsky, naturalized American, committed suicide February 26, 1943 Poo Tung Camp. Except these five cases information transmitted your inquiry inexact.

When internment measures taken Japanese authorities many false rumors circulated Shanghai subject illness internees, conditions life in camps. Information obtained reliable sources show on contrary great improvement realized".

Querying Swiss causes Pavchinsky's suicide.

EMB

DECEASED

130 - PAVCHINSKY, PETER MICHAEL

S/PM

Шанхайские родственники П.М. Павчинского. Регистрационные данные и места жительства (1939-1945)

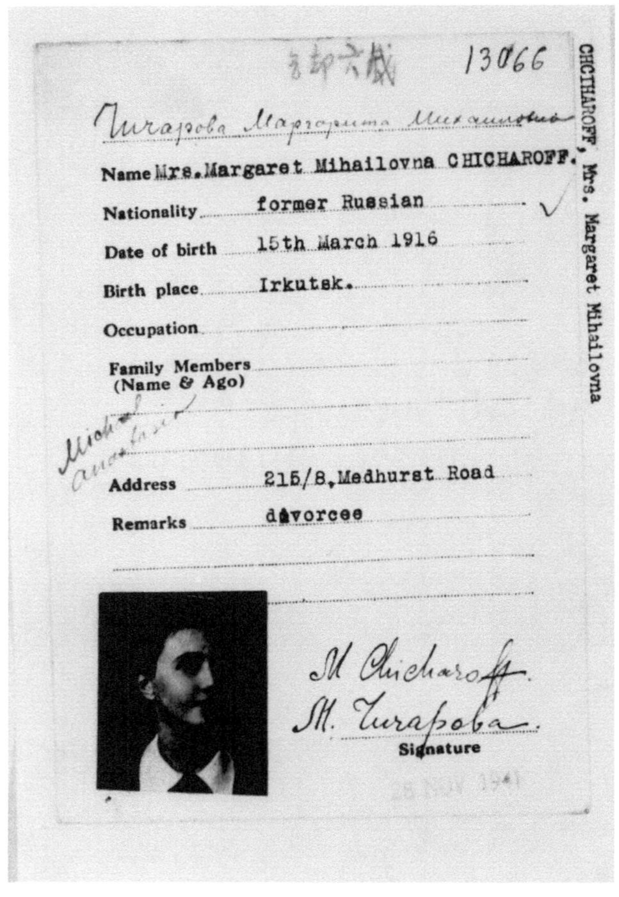

13066

Чичарова Маргарита Михайловна

Name Mrs. Margaret Mihailovna CHICHAROFF.

Nationality former Russian

Date of birth 15th March 1916

Birth place Irkutsk.

Occupation

Family Members (Name & Ago)

Michael anastasia

Address 215/8, Medhurst Road

Remarks divorcee

M Chicharoff.

М. Чичарова

Signature

28 NOV 1941

CHICHAROFF, Mrs. Margaret Mihailovna

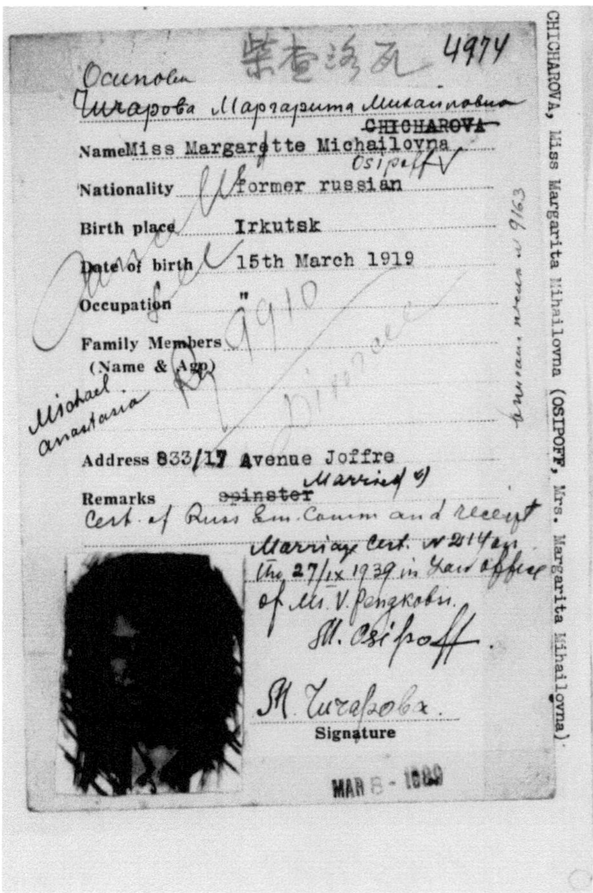

4974

Осипова

Чичарова Маргарита Михайловна

Name Miss Margarette Michailovna ~~CHICHAROVA~~ Osipoff

Nationality former russian

Birth place Irkutsk

Date of birth 15th March 1919

Occupation "

Family Members (Name & Ago)

Michael anastasia

Address 833/17 Avenue Joffre

Remarks ~~spinster~~ Married

Cert. of Russ. Em. Comm. and receipt Marriage cert. № 2144 on the 27/IX 1939 in Law office of Mr. V.

M. Osipoff

М. Чичарова

Signature

CHICHAROVA, Miss Margarita Mihailovna (OSIPOFF, Mrs. Margarita Mihailovna).

Маргарита Михайловна Чичарова-Осипова-Павчинская, жена П.М. Павчинского. Регистрационные карточки разных лет.

Источник: National Archives and Record Administration, College Park, MD, USA. Record Group 263, Russian Emigrants' Committee Registration Certificates 85720-B

14248

Павчинская Маргарита Михаиловна

Name Mrs. Margaret Michaelovna PAVCHINSKY

6 MAY 1943

Nationality former Russian

1 2 MAY 1944

Date of birth 15th March 1916

Birth place Ikutsk, Siberia

Occupation

Family Members (Name & Age)

Michael Anastasia

Address 1160 Bubbling Well Rd ~~622/44, Ave Joffre~~

Remarks married

М. Павчинская

Signature

5 MAY. 1942

PAVCHINSKY, Mrs. Margaret Michaelovna

Маргарита Михайловна Чичарова-Осипова-Павчинская, жена П.М. Павчинского. Регистрационные карточки разных лет.

Источник: National Archives and Record Administration, College Park, MD, USA. Record Group 263, Russian Emigrants' Committee Registration Certificates 85720-B

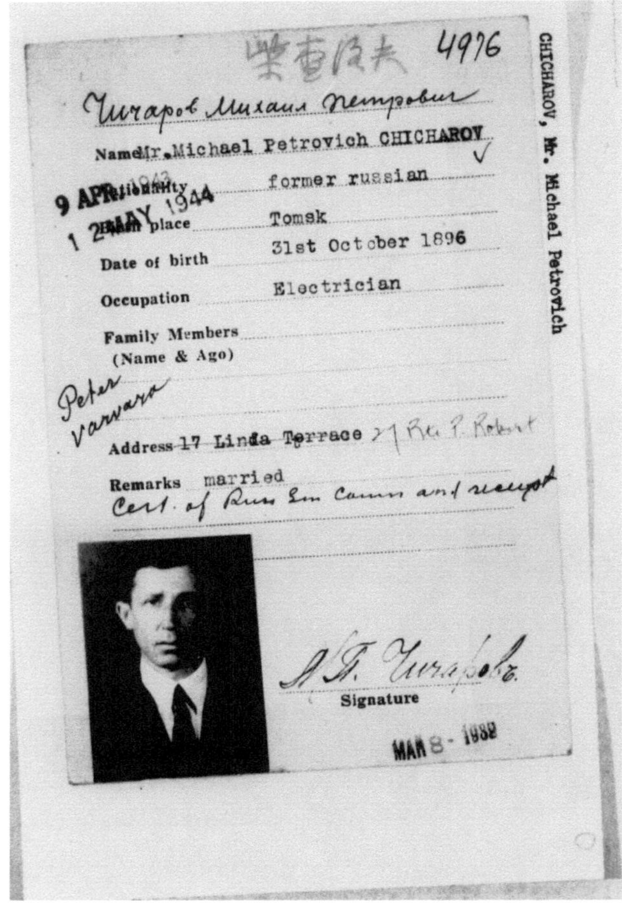

4976

Чичаров Михаил Петрович

Name Mr. Michael Petrovich CHICHAROV

9 APR 1943 Nationality former russian

12 MAY 1944 Birth place Tomsk

Date of birth 31st October 1896

Occupation Electrician

Family Members (Name & Age)

Peter

Varvara

Address 17 Linda Terrace

Remarks married

Signature

MAR 8 - 1939

CHICHAROV, Mr. Michael Petrovich

Регистрационная карточка Михаила Петровича Чичарова, отец жены П.М. Павчинского.

Источник: National Archives and Record Administration, College Park, MD, USA. Record Group 263, Russian Emigrants' Committee Registration Certificates 85720-B

4975

Чичарова Анастасия Григорьевна

CHICHAROVA

Name Mrs. Anastasia Grigorievna

9 APR 1943

Nationality former russian

12 MAY 1944

Birth place Kirensk

Date of birth 19th December 1899

Occupation household

Family Members (Name & Age) Liudmila, daughter, 16th July 1925, Harbin

Married to Mr. V. Chilikin

Gregory

Maria

Address ~~17 Linde Terrace~~ 27 Rte P. Robert

Remarks married

Cert. of Russ Em. Comm and

Чичарова

Signature

Регистрационная карточка Анастасии Григорьевны и Людмилы Михайловны Чичаровых, матери и сестры жены П.М. Павчинского.

Источник: National Archives and Record Administration, College Park, MD, USA. Record Group 263, Russian Emigrants' Committee Registration Certificates 85720-B

В качестве своего официального адреса П.М. Павчинский в Шанхае всюду указывал 290 Thorn (Thorne) road (ныне 290 Haerbin Lu). Здание сохранилось до сих пор.

Источник: Карта Международного сеттлмента Шанхая 1939 г. (1939 - International Settlement Commercial guide) (Доступна через http://virtualshanghai.ish-lyon.cnrs.fr/)

路
297
279

Место жительства М.М. Павчинской в 1945 году - 1160 Bubbling Well Road (ныне Nanjing Xi Lu). Здание не сохранилось.

Источник: Карта Международного сеттлмента Шанхая 1939 г. (1939 - International Settlement Commercial guide) (Доступна через http://virtualshanghai.ish-lyon.cnrs.fr/)

BUBBLING WELL
浙江興業銀行
西區支行
1146
1152
1158
1160
1166
1170
1174
1176

Место жительства семьи Чичаровых в 1939-1945 гг. – 17 Linda Terrasse (past 833 Avenue Joffre) (ныне Huaihai Lu). Здание сохранилось до сих пор.

Источник:Карта Французской концессии Шанхая 1939 г. (1939 - French Concession Commercial guide) (Доступна через http://virtualshanghai.ish-lyon.cnrs.fr/)

AVENUE JOFFRE
GRIGORIEFF & CO. LTD.
THE GLOBE
N.S. PETROFF & CO.
FLOWER SHOP
MONIPUE
U. FRADKIN
G.S. TEPANOFF
LINDA TERRACE
LA SIRENE
INEAL
ECONOMY
AIR GARDEN
CATHAY
864
862
860
858
856
854
852
850
816
814
812
810
808
806
804
804A
802
800
798
796

Газетные извещения о смерти и похоронах П.М. Павчинского (1943)

Источник: газета Шанхайская Заря, март-апрель 1943 г.

2

†

М. М. Павчинская с сыном, А. Г. и М. П. Чичаровы с дочерью преклоняясь пред Волею Божіей с глубоким прискорбіем извѣщают о безвременной кончинѣ мужа, отца и зятя.

Петра Михайловича

Павчинскаго

скончавшагося 28 февраля с. г. О похоронах будет объявлено особо,

ШАНХАЙ, 3 МАРТА.

Шанхайская заря, 3 марта 1943 г.

†

М. М. Павчинская с сыном, А. Г. и М. П. Чичаровы с дочерью преклоняясь пред Волею Божiей с глубоким прискорбiем извѣщают о безвременной кончинѣ мужа, отца и зятя

Петра Михайловича

Павчинскаго

скончавшагося 28 февраля с. г.

Панихида будет отслужена сегодня 4-го марта в 12 ч. дня в I.F.D. 207 Kiaochow Road.

Похороны состоятся сегодня 4-го марта в 4. ч. дня на кладбищѣ Бабблинг Велл.

†

Дядя Миша, тетя Вѣра и Алочка с великим прискорбiем извѣщают о смерти дорогого

ПЕТРА МИХАЙЛОВИЧА

Павчинскаго

и выражают свое соболѣзнованiе дорогой Маргариточкѣ с сыном и семьѣ Чичаровых в постигшем их горѣ.

Шанхайская заря, 4 марта 1943 г.

2

✝

М. М. Павчинская с сыном извѣщают друзей и знакомых, что сегодня в 9 й день кончины

Петра Михайловича

Павчинскаго

будет отслужена панихида на кладбищѣ Баббллинг Велл в 3 ч. дня. В случаѣ дождя в то же время в Соборѣ.

ШАНХАЙ, 6 МАРТА.

Шанхайская заря, 6 марта 1943 г.

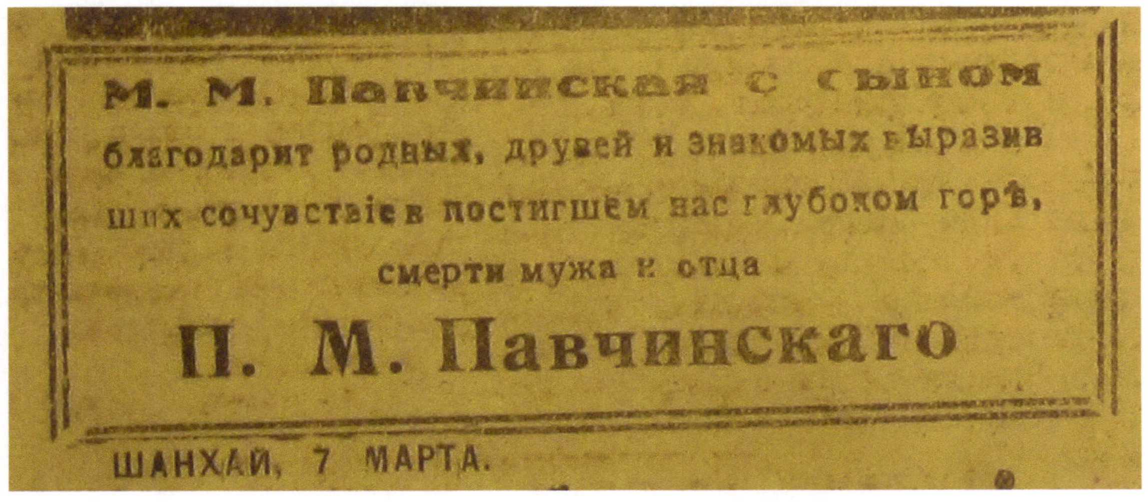

М. М. Павчинская с сыном
благодарит родных, друвей и знакомых выразивших сочувствіе в постигшем нас глубоком горѣ, смерти мужа и отца
П. М. Павчинскаго
ШАНХАЙ, 7 МАРТА.

Шанхайская заря, 7 марта 1943 г.

Маргарита Михайловна Павчинская с сыком
извѣщают друзей и знакомых что сегдня в 3 ч. дня
на могилѣ покойнаго
ПАВЛА МИХАЙЛОВИЧА
Павчинскаго
На кладбищѣ Бабблинг Велл будет отслужена панихида. В случаѣ дождя в то же время в Соборѣ.
ШАНХАЙ 19 МАРТА.

Шанхайская заря, 19 марта 1943 г. Вероятная опечатка в имени.

М. М. Павчинская с сыном извѣщают родных и знакомых, что сегодня в сороковой день смерти дорогого мужа и отца

П. М. Павчинскаго

будет отслужена панихида на кладбищѣ Бабблинг Велл в 4 ч.дня. В случаѣ дождя в Соборѣ в то же время.

Шанхайская заря, 8 апреля 1943 г.

Материалы послевоенного консульского расследования обстоятельств смерти П.М. Павчинского (1945)

Источник:
National Archives and Records Administration, College Park, Maryland, USA
Army Judge Advocate General War Crimes (Record Group 156)
Entry: 180: 270/02/23/07, Box 4

Расследование смерти П.М. Павчинского, проведенное Шанхайским подразделением военной контрразведки армии США в 1945 году указывает на тот факт, что П.М. Павчинский скорее всего был убит, а не покончил жизнь самоубийством, как утверждала официальная версия событий.

Приводимые документы включают текст независимого медицинского заключения о причине смерти П.М. Павчинского доктора Calame на французском и английском языках, справку о допросе лагерного цензора, отчет с заключением сотрудника контрразведки, а также выписку из паспорта и свидетельства о браке.

WAR CRIMES FILES
Nanking, China

January 1948

I N D E X

PETER M. PAVECHINSKY

No.	Description	Date
1.	Medical-legal report of Dr. Louis Calame	2 Mar 45
2.	Copy of original report in French of Dr. Calame	2 Mar 45
3.	Pencilled notation re death of Pavechinsky	undated
4.	Memorandum to JAG, Shanghai, subj: "Peter M. Pavchinsky"	9 Oct 45
5.	Report of Interrogation of Internee	undated
6.	Extract from Passport of Peter M. Pavchinsky	undated
7.	Copy of Certificate of Marriage	undated

Page 1

Dr. L.P. Calame
Private Clinic
175 Mayen Road
Shanghai

Shanghai, 2 March, 1943.

MEDICAL LEGAL REPORT

The undersigned: CALAME LOUIS, Federal Physician surgeon, Switzerland, Lausanne, 1910.
SANTELLI R., M.D. France, Surgeon at the hospitals in the French Concession of Shanghai.

On request by Mr. Croset of the Swiss Consulate by telephone, and ~~also~~ our confirmation by phone from Mr. Stiner, the Swiss Consul, we consequently carried out an examination of the body of PAVECHINSKY PETER, an American, at the International Funeral Director's Office, 207 Kiaochow Road, Shanghai.

Questions by Mr. Croset: Is there a wound on the nape(of the Neck)? Is it a suicide?
Certificate of death and the following indications: Wound on the neck, on section of right sternal-cledo-mastoidean muscle, on section of larynx, on sections of left and right carotids.

We acquired the following proofs:
Corpse of a young, tall, vigorous adult. Black,hair. Fair skin. There is no trace of blows, bruises or wounds on the limbs, the trunk, the face or on the head. On the neck we found a long transverse wound sutured with a thick thread. The wound on the right begin below and 1cm behind the mastoid and across the cervical region, past in the front 1cm above Adam's apple, across the left cervical region, and ending in the rear below the mastoid, in ~~symmetry~~ symmetry with the termination at the right.
On the left, the termination of the wound is clean and seamless. On the right, the wound divides into two branches, each 2cm long. The lower wound is sutured, but the one above is not, however, it is closed.

(1)

Page 2

On the right, behind the wound and little higher, there is a line of big violet bruise 1cm wide by 5 to 6cm long. This line is oblique from front to rear and top to bottom.

CONCLUSIONS:

The complete absence of bruises and traces of blows on any part of the body, the limbs, and the location of the wound on the neck are strong arguments in favor of suicide, if they are not confronted by ~~xx~~ contrary arguments arising from the circumstances which enabled to remove the body, but we do not know anything about that part of the inquiry which concerns the reports on the circumstances of the suicide.

The indications received by phone about the deep lesions on the neck, if they are correct testimonies, state that the wound on the ~~neckwas~~ neck was caused by an extremely shapp instrument such as by a rasor and this mortal wound was caused by violence and remarkable strength, such as we have never seen in our long career.

Was there a crime? Such a heinous offence could not have been possible if Pavechinsky was not sleeping stretched on his back, his arms extended, the head free and little turned to the rear. The symmetry of the wound accounts that the criminal was standing at the head of the bed, and by this we can clarify the questions concerning the removal of the body.

/s/ Dr. R. SANTELLI /s/Dr. Calame
/t/ DR. R. SANTELLI /t/DR. CALAME

I certify that this is the true copy of the original record in my office 175 Rue Mayen, Shanghai, China.

The 15th July, 1946

Dr. Calame

COPY

Dr.L.P.CALAME.
CLINIQUE PRIVEE
175MAYEN ROAD
SHANGHAI.

Shanghai , 2 Mars 1943.

RAPPORT MEDICO/LEGAL

Les sous-signés: CALAME LOUIS Medecin Chirurgien FEDERAL SUISSE L.1910.
SANTELLI.R.MD.France, Chirurgien des Hopitaux de la Concession Francaise de Shanghai,
sur réquisition téléphonique de Mr Croset du Consulat Suisse, confirmée par téléphone de Mr STINER Consul de Suisse, nous sommes rendus KIAOCHOW Road 207 INTERNATIONAL FUNERAL DIRECTORS SHANGHAI AUX FINS d'examiner le corps de
PAVECHINSKY PETER. AMERICAIN,

Question posée par Mr CROSET: Y a-t-il une plaie de la nuque, s'agit -il d'un suicide ? avec les indications suivantes: CErtificat de DECES : plaie du cou, sedtion du muscle sterno-clédo-mastoidien à droite, section du larynx section des carotides à gauche et à draite.

Avons fait les constatations suivantes:
Cadavre d'un homme adulte, jeune, grand vigoureux, cheveux noirs. La peau blanche présente sur les membres , le tronc, et la face, aucune trace de violence de coups de contusion ou blessures quelqonque, il en est de meme sur le cuir chevelu. Sur le cou nous trouvons u une longue plaie transversale suturée en surget avec un gros fil. La plaie à droite , commence au-dessous et un cm en arrière de la pointe de la mastoid elle traverse la region cervicale, passe en avant à 1cm audessus de la pomme d'ADAM, traverse la region cervicale gauche, pour se terminer en arriere et au-dessous de la mastoide symetriquement à la terminaison à droite.
A gauche la terminaison de la plaie est nette et sans bavures, A droite la plaie se divise en deux branches de 2 cm, la plaie inférieure est suturée la branche supérieure ne l'est pas elle est cependant fermée ce qui montre qu'elle n'intéresse que la peau sur ces "2cm,
A droite en arriére de la plaie et un peu plushaut existe une ligne de Contusion ~~violente~~ violette large de 1cm longue de 5à6 cm cette ligne est oblique d'avant en arrière et de Bas en haut.
CONCLUSIONS: L'absence complète de contusions de traces de coups sur tout le corps et les membres, la fomeme et la situation de la plaie du cou, sont des arguments fort en faveur du suicide, s'ils ne sont pasaccompagnes d'arguments contraires provenant des circonstances dans les quelles la levée du corps a été faite, et des rapports sur les circonstances du suicide, éléments de l'enquête que nous ignorons. Les indications recues par telephone sur les lésions profondes du cou si elles sont exactes témoignent que la plaie du cou a été portée avec un instrument extrememtn tranchant tel qu'un rasoir à manche et que cette blessure mortelle a été portée avec une violence et une énergie remarquable, telle que nous ne l'aurions jamais vu dans notre longue carrière.
Y-a-t-il eu CRIME ; Un pareil forfait n'eut étépossible que si au moment du crime Pavechinsky était endormi étendu sur le dos, les bras laissant la tête

(2)

la tête dégagée et la tête au moins légèrement renversée en arrière, la symétrie de la plaie demandant que le criminel se soit placé à la tête du lit toutes questions que le rapport sur la levée du corps peut éclaircir.

Dr R SANTELLI　　　　DR CALAME

Santelli　　　　Dr Calame

I certify that this is a true copy of the original report on file in my office 175 Route Mayen Shanghai China The 15th July 1946 Dr Calame

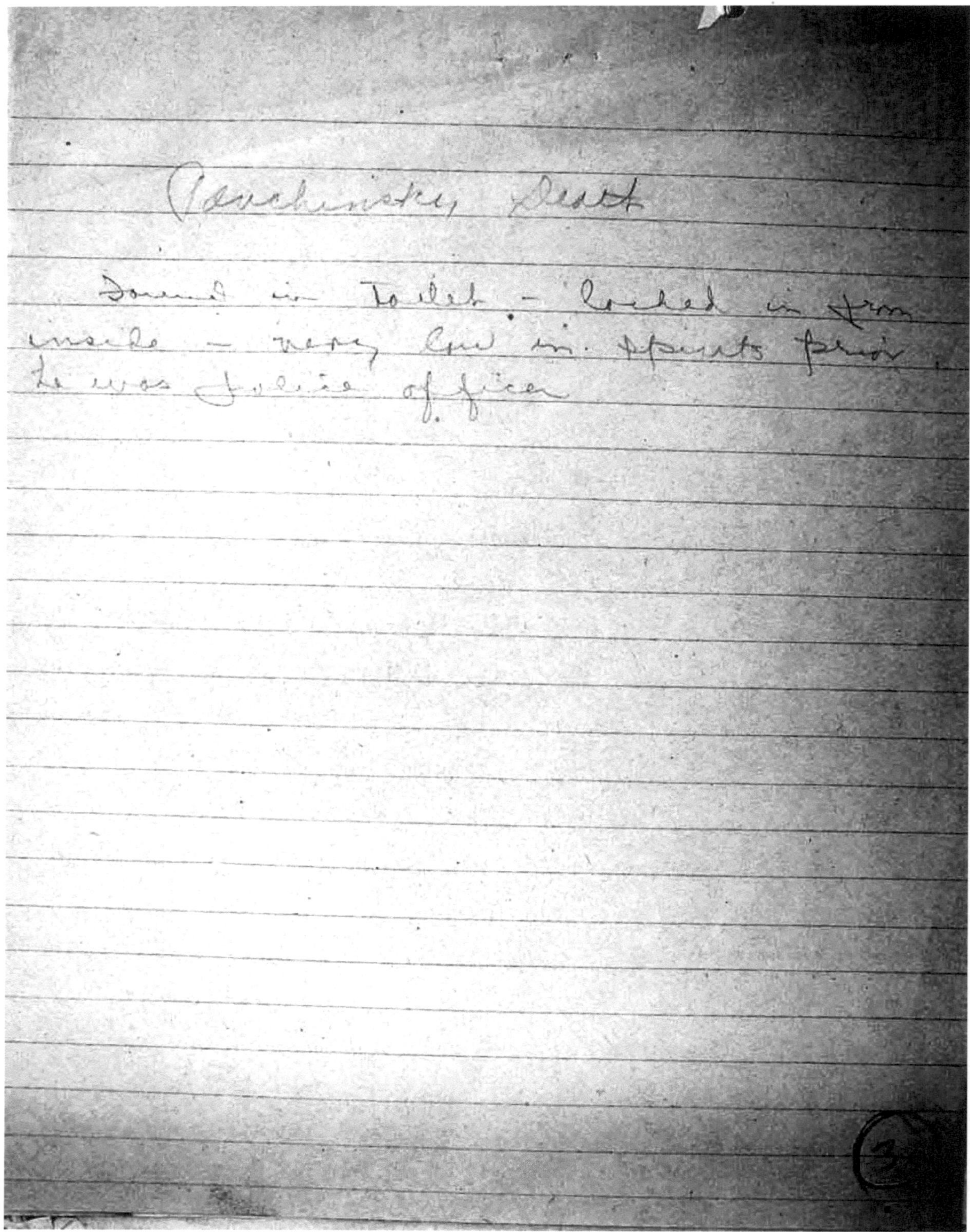

Pavchinsky Death

Found in Toilet - locked in from inside - very low in spirits prior

he was police officer

O. P.

3

COUNTER INTELLIGENCE CORPS
SHANGHAI DETACHMENT

APO 290
9 October 1945.

Memorandum to: J.A.G., Shanghai Base Command
Attention: Captain J. S. Bailey

SUBJECT : Peter M. Pavchinsky, U. S. citizen.

On 9 October 1945 this agent interviewed Mr. J. Croset of the Swiss Consulate, Shanghai, concerning the death of Subject. Files kept by the Swiss Consulate stated that Subject had died at the Pootung Internment Camp on 28 February 1943. Subject's throat had been cut.

The body was examined by Dr. George Thorngate, an American, camp medical officer at Pootung Internment Camp. This doctor stated on his death certificate that Subject was a suicide, however, the certificate was made out at the request of the Japanese authorities.

Two other doctors, who had not been interned by the Japanese, examined the body at the request of the Swiss Consulate. These doctors stated that, while it appeared to be a case of suicide, there were indications of murder in that the throat was very badly cut and might have been done by another party. These two doctors are Dr. R. Santelli, 461 Avenue Joffre - telephone 81109 and Dr. Louis Calame, 175 Route Mayen - telephone 78064.

The widow of Subject, Mrs. Margaret Pavchinsky resides at 1160 Bubbling Well Road.

JOHN T. DAY,
Special Agent, CIC.

Distribution:
1 - AC of S, G-2, Shanghai Base Command
1 - AC of S, G-2, USF, CT, APO 879
1 - OSS, X-2 Branch, Shanghai Base Command
1 - File

22 October, 1945.

Report of Interrogation of Internee

TO : Commanding Officer, AGAS.

SUBJECT: Interrogation of Mr. George A. Watt, Pootung Internee.

1. Mr. Watt held in Pootung the position of chief interpretor and censor of mail. According to his story, an American citizen, Mr. Pavchinsky, was a suicide about a month after entering camp, largely because he was unable to communicate with his family outside. Mr. Watt, seeing this problem, approached the Japanese Commandant, a young man of about 20, and convinced him by warning that more such trouble would ensue and that mail service for the internees was important. As a result of his statement to the Commandant, a mail service was established in Pootung permitting one letter a month to be mailed out and unlimited mail to be sent in. Mr. Watt served as censor for both outgoing and incoming mail. According to Mr. Watt's statement, Pootung had the best mail service of the camps in Shanghai. As censor, Mr. Watt was instructed to delete any mention of things political or military or special privileges in the camp, such as reference to a dance, for fear that the central authorities might restrict the camp in such social activities. Mr. Watt states that he, in his position as interpretor, was permitted to go outside with any group from camp who had special permission to go out. The custom was apparently to send a Japanese guard with any such group of internees and also an interpretor. Mr. Watt stated that thus he was enabled to take a good many personal messages from internees to friends or relatives in Shanghai. His method was that he himself went to his home where he would leave the letters for distribution. He further reports that he was instrumental in sending a 36-page shorthand report of doings in Pootung compiled by Mr. William Ryan, formerly of the Chase Bank. Mr. Watt was apparently able to put it in the hands of Mr. Essig of the Swiss Consulate who managed to get it aboard the first American repatriation ship to be sent to Washington. In his capacity as interpretor with freedom to go outside Mr. Watt was, he stated, able to make small purchases for internees.

2. In regard to brutalities in camp, Mr. Watt reported seeing the following incidents:

(a) A Mr. Norris was severely slapped in the Commandant's office for using a hotplate cooking stove.

(b) A Mr. Hankinson, the actual owner of the same hotplate, was also severely slapped.

(c) A Mr. Hales was struck by a temperamental Japanese guard named Ono, Chief of the Pootung Police, because Mr. Hales failed to understand an order given in Japanese.

(d) A Mr. Braunstein was severely kicked in the stomach by a guard named Takahakhi because he was out of line in formation.

Mr. Watt also reported seeing the five boys, Colter, Ezekiel, etc., beaten with bamboo poles because they went over the fence to get food.

- 2 -

3. Mr. Watt has been mentioned as suspect himself of having played a collaborator's part with the Japanese. The validity of this suspicion is not vouched for nor questioned in this report.

S. L. Eaton

S. L. Eaton, Lt., USNR,
AGAS.

Mr. Watts' own account of his status is appended together with his observations of [illegible].

5

PETER M. PAVCHINSKY

Passport

Address 1160 Bubbling Well Road, Shanghai, China

Wife - Margaret M. Pavchinsky

Replacement Passport No. 637 - Cancelled by American Consulate General, Shanghai, November 19, 1945

Date of Repl Passport March 22, 1941

Original Passport No. 36242 issued at Washington, D. C. May 27, 1928

Description of Peter M. Pavchinsky -
Height 5 ft 10 in
Hair Brown
Eyes Brown

Place of birth - San Francisco, California

Date of birth - February 2, 1905

Occupation - Inspector of Police, International Settlement, Shanghai, China

6

Certificate of Marriage

Peter M. Pavchinsky of Shanghai and Margaret M. Chicharoff of Shanghai

were united by me in

Holy Matrimony

on the twenty-eighth day of March in the year of our Lord

One Thousand Nine Hundred and forty-two

at Community Church, Shanghai

Witnesses Lanuzel

Minister C.Stanley Smith

Wife resides 129 Ave Hague
Son - Michael Peter Pavchinsky

Список просмотренных архивных дел

ГАНО (Государственный Архив Новосибирской Области)

ГАНО, ф. Д-156, оп. 1, д. 2850. Томская духовная консистория. Николаевская церковь с. Кривощековкого (Новосибирского района). 1904 г., 200 л.

ГАНО, ф. Д-156, оп. 1, д. 2718. Томская духовная консистория. Александро-Невская церковь Новониколаевска. 1904 г., 296 л.

ГАНО, ф. Д-156, оп. 1, д. 2873. Томская духовная консистория. Петро-Павловская церковь с. Барышево (Новосибирского района). 1904 г., 88 л.

ГАНО, ф. Д-156, оп. 1, д. 2774. Томская духовная консистория. Даниловская церковь Новониколаевска. 1904 г.

ГАНО, ф. Д-156, оп. 1, д. 2718. Томская духовная консистория. Александро-Невская церковь Новониколаевска. 1905 г. - не выдано, плохое состояние.

ГАНО, ф. Д-156, оп. 1, д. 2720. Томская духовная консистория. Александро-Невская церковь Новониколаевска. 1906 г., 333 л.

ГАНО, ф. Д-156, оп. 1, д. 2849. Томская духовная консистория. Николаевская церковь с. Кривощековкого. 1903 г. - не выдано, плохое состояние.

ГАНО, ф. Д-156, оп. 1, д. 2851. Томская духовная консистория. Николаевская церковь с. Кривощековкого. 1905 г. - не выдано, плохое состояние.

ГАНО, ф. Д-156, оп. 1, д. 2872. Томская духовная консистория. Петро-Павловская церковь с. Барышево (Новосибирского района). 1904 г., 103 л.

ГАНО, ф. Д-156, оп. 1, д. 2874. Томская духовная консистория. Петро-Павловская церковь с. Барышево (Новосибирского района). 1905 г.

ГАНО, ф. Д-156, оп. 1, д. 2875. Томская духовная консистория. Петро-Павловская церковь с. Барышево (Новосибирского района). 1905 г., 87 л.

ГАНО, ф. Д-156, оп. 1, д. 2775. Томская духовная консистория. Пророко-Даниилская церковь ст. Обь (Новосибирск). 1905 г., 272 л.

ГАНО, ф. Д-156, оп. 1, д. 2776. Томская духовная консистория. Пророко-Даниилская церковь ст. Обь (Новосибирск). 1906 г., 235 л.

ГАНО, ф. Д-156, оп. 1, д. 2777. Томская духовная консистория. Пророко-Даниилская церковь ст. Обь (Новосибирск). 1907 г..

ГАНО, ф. Д-156, оп. 1, д. 2933. Томская духовная консистория. Покровская церковь с. Каменского. 1905 г., 85 л.

ГАНО, ф. Д-156, оп. 1, д. 95. Томская духовная консистория. Сретенская церковь. Бердск. 1917 г., 119 л.

ГАНО, ф. Д-156, оп. 1, д. 958. Томская духовная консистория. Сретенская церковь. с. Бердское. 1918 г., 176 л.

ГАНО, ф. Д-156, оп. 1, д. 2852. Томская духовная консистория. Бугринская церковь. с. Кривощеково. 1906 г., 241 л.

ГАНО, ф. Д-156, оп. 1, д. 96. Томская духовная консистория. Бердск. 1919 г. - не выдано, плохое состояние.

ГАНО, ф. Д-156, оп. 1, д. 2721. Томская духовная консистория. Александро-Невская церковь Новониколаевска. 1907 г. - не выдано, плохое состояние.

ГАНО, ф. Д-156, оп. 1, д. 2858. Томская духовная консистория. Метрическая книга римско-католического костела. 1911-1913 г. - не выдано.

ГАНО, ф. Д-156, оп. 1, д. 2859. Томская духовная консистория. Метрическая книга римско-католического костела. 1914-1917 г. - не выдано.

ГАНО, ф. Д-156, оп. 1, д. 2795. Томская духовная консистория. Николаевская церковь с. Бугры. 1907-1908 г., 454 л.

ГАНО, ф. Д-97, оп. 1, д. 198. План г. Ново-Николаевска, 1915 г.

ГАНО, ф. Д-156, оп. 1, д. 274. Спасский Костел г. Новосибирска. 1893-1905 г., 259 л.

ГАНО, ф. Д-156, оп. 1, д. 2857. Римско-Католический Костел г. Новосибирска. 1907-1919 г.

ГАНО, ф. Д-156, оп. 1, д. 280. Спасский Костел г. Новосибирска. 1899-1908 г., 205 л.

ГАНО, ф. Д-156, оп. 1, д. 292. Спасский Костел г. Новосибирска. 1908-1915 г., 228 л.

ГАНО, ф. Д-156, оп. 1, д. 306. Тимофеевский Костел (Венгеровский р-н). 1910-1916 г., 90 л.

ГАНО, ф. Д-156, оп. 1, д. 5342. Римско-Католическая приходская церковь г. Томска. 1849-1866 г.

(ГАЖО) Государственный Архив Житомирской Области

Алфавитная книга к метрическим записям Житомирского костела 1866-1920

ГАЖО, ф. 146, оп. 1, т. 4 Волынское дворянское депутатское собрание. г. Житомир. 1800-1912

ГАЖО, ф.146, оп. 1, д. 534. Алфавитный список дворян Житомира. Посемейные списки Житомирского уезда. 1835 г.

ГАЖО, ф.146, оп. 1, д. 533. Посемейные списки дворян 1-го разряда Житомирского уезда. 1834 г.

ГАЖО, ф.146, оп. 1, д. 530. Указатель посемейных списков дворян Владимирского уезда. 1833-34 г.

ГАЖО, ф.146, оп. 1, д. 531. Посемейные списки дворян Дубенского уезда. 1833-34 г.

ГАЖО, ф.146, оп. 1, д. 532. Посемейные списки дворян Дубенского, Староконстантиновского, Владимирского, Новоград-Волынского уездов. 1833-34 г.

ГАЖО, ф.146, оп. 1, д. 535. Посемейные списки дворян Ровенского уезда. 1833-34 г.

ГАЖО, ф.146, оп. 1, д. 528. Алфавитный указатель протоколов об утверждении лиц Волынской губернии в дворянстве. 1801-1832

ГАЖО, ф.146, оп. 1, д. 536. Алфавит к табулярной книге 1870 г.

ГАЖО, ф.146, оп. 1, д. 537. Алфавит к табулярной книге 1872 г.

ГАИО (Государственный архив Иркутской области)

Алфавитный список к метрическим книгам о родившихся в Иркутске. 1912 г.

Алфавитный список к метрическим книгам о родившихся в Иркутске. 1914 г.

Алфавитный список к метрическим книгам о родившихся в Иркутске. 1915 г.

Алфавитный список к метрическим книгам о родившихся в Иркутске. 1916 г.

Алфавитный список к метрическим книгам о родившихся в Иркутске. 1917 г.

ГАИО, ф. 790, оп.2, д. 34. Метрическая книга Киренского спасского собора за 1914 г. 183 л.

ГАИО, ф. 790, оп.2, д. 35. Метрическая книга Киренского спасского собора за 1915 г. 183 л.

ГАИО, ф. 790, оп.2, д. 36. Метрическая книга Киренского спасского собора за 1916 г. 58 л.

ГАИО, ф. 790, оп.2, д. 37. Метрическая книга Киренского спасского собора за 1917 г. 145 л.

РГИА (Российский Государственный Исторический Архив)

Адрес-календарь Российской Империи за 1839, 1840, 1842, 1845, 1846, 1847, 1848, 1861, 1862, 1865, 1866 гг.

РГИА, ф. 1343, оп. 56. Дела о лишении и списки лиц, лишенных дворянства. 1873-1917гг.

РГИА, ф. 1343, оп. 56, д. 507. Рапорты дворянских собраний о лишении прав дворянства разных лиц, осуждении за кражу, подлоги, убийства и др. преступления. 1901-1916 гг.

РГИА, ф. 323. Правление КВЖД. Именной указатель.

РГИА, ф. 466. Высочайшие повеления по придворному ведомству. Алфавитный указатель.

РГИА, ф. 273, оп. 2, д. 216. Список служащих Сибирской железной дороги, представляемых к высочайшим наградам за неучастие в забастовках 1905 г.

РГИА, ф. 1343, оп. 27, д. 362. О дворянстве Павчинского. 1837 г.

РГИА, ф. 1343, оп. 38, д. 1632. О дворянстве Павчинского Эдуарда, Калишской губернии. 10 декабря 1892 г.

SMA (Shanghai Municipal Archive)

U38-2-731 – дело редактора газеты День Чиликина

U1-6-412 Hongkew Police Station

Q146-1-97 Hongkew Police Station. Short Leaves Requests 1933-1936 (Chinese personnel only)

Q146-1-96 Hongkew Police Station. Short Leaves Requests 1936, 1946-1947 (Chinese personnel only)

Q146-1-20 Hongkew Police Station. List of personnel (Chinese personnel only)

Q146-1-102 Hongkew Police Station. Minutes of meetings.

Q146-1-54 Hongkew Police Station. Information on relatives of police personnel. (Chinese personnel only)

Q146-1-86 Hongkew Police Station. Personal violations. (Chinese personnel only)

Q146-1-94 Hongkew Police Station. Short Leaves Requests 1936-1937 (Chinese personnel only)

Q146-1-95 Hongkew Police Station. Short Leaves Requests 1936-1937, 1947 (Chinese personnel only)

U38-2-1257. Cards of persons arrested by French police. 1930-1935. Photos missing.

U38-2-1258. Cards of persons arrested by French police. Unknown years. Photos missing.

U1-6-527. Shanghai Municipal Police. Old staff cards. Persons resigned 1/4/1938 – 30/8/1939

Районный архив г. Белгород-Днестровский Одесской области.

Метрические книги православной Свято-Николаевской церкви посада Шабо Аккерманского уезда Бессарабской Губернии (Кишиневская Духовная Консистория) о родившихся, сочетавшихся браком и скончавшихся за 1882, 1883, 1886, 1888, 1890-92, 1895, 1898-1911 гг.

Метрические книги православной Свято-Покровской церкви посада Шабо Аккерманского уезда Бессарабской Губернии (Кишиневская Духовная Консистория) о родившихся, сочетавшихся браком и скончавшихся за 1908-11 гг.

Метрические книги с. Дивизия Аккерманского уезда Бессарабской Губернии (Кишиневская Духовная Консистория) за 1886, 1888, 1889, 1892, 1895, 1899-1901, 1904, 1906 гг.

Метрические книги г. Аккерман Аккерманского уезда Бессарабской Губернии (Кишиневская Духовная Консистория) за 1906 (2 церкви), 1907 (Предтеченская церковь), 1908 гг. (4 церкви).

«•»